あなたの中の小さな神さまを目覚めさせる本

魂カウンセラー
まさよ 著

宇宙一強くて、やさしい味方が
あなたを24時間、しかも一生、
守っていることを知っていますか？

はじめまして。まさよと申します。
本書を手に取っていただき、ありがとうございます。
この本は、最近なんとなく
人生がうまくいかないと感じている人や
先の不安を抱え込んでいる人のために書きました。

実は、あなたの中には神さまがいて、
生まれてからあなたをずっと守り続けています。
そして、誰もがその神さまと
仲良くすることができます。

その存在は目には見えないかもしれません。
でも、あなたに気づいてもらえるように、
いつもそっとサインを送っています。
いつも静かに応援してくれています。

神さまの使命は、「あなたの魂が安心して
愛に満たされるように全力で守る」こと。
そして、「すでに何もかも許されて生まれてきたこと」を
思い出してもらうことです。

あなたを幸せにしたくてたまらない存在が、
神さまです。
魂が安心できるように、愛で満たされるように、
つねにあなたを導いてくれています。

神さまは目に見えませんが、
わたしたちが生まれてから死ぬまで、
幸せに生きられるよう、
どんなときも、あなたを応援しているのです。

本書では、あなたが小さな神さまとつながって
人生を輝かせる方法をご紹介します。
また、わたしが神さまから
お聴きした不思議な世界のこと、
あの世のこともお話しさせてくださいね。
読むだけで魂が安心する
エネルギーを入れてありますので
この本を心のお守りにしてくださったら嬉しいです。

では、まいりましょうか。

contents

2章

魂がどんどん楽になる！
「神さま孝行」の秘密

3章

不思議能力のスイッチON！

神さまパワー体感ワーク

4章

小さな神さまに聴く

悩みを視る方法

5章

神さまが教えてくれた

あちらの世界の秘密

音声特典について

本書をご購入された方への特典として、3章の神さまパワー体感ワークの音声をプレゼントいたします。永岡書店のホームページから音声をダウンロードすれば、著者の誘導音声を聞きながら、ワークを実践できます。ぜひお試しください。

永岡書店HP ► **http://www.nagaokashoten.co.jp/download/**
【パスワード】► **Daisuki**

●ファイル名一覧

ファイル名	内容	ページ
WORK_001	あちらの眼で不思議世界にワープする方法	63
WORK_002	魂エネルギーを視る方法	64
WORK_003	神さまと通じ合う金粉の出し方	66
WORK_004	願いがどんどん叶う！　龍のエネルギーのもらい方	68
WORK_005	いやな部屋を神さまパワーで満たす方法	70
WORK_006	蓮の花のパワーで相手の怒りを鎮める方法	72
WORK_007	宇宙エネルギーで体を満たす方法	74
WORK_010	遠隔ヒーリングで大切な人を癒す方法	80
WORK_011	傷ついた気持ちを浄化する方法	82
WORK_012	体の痛みや不調を和らげる方法	84
WORK_013	いつもの食事をおいしくする方法	86
WORK_014	動物の気持ちを感じる方法	88
WORK_015	石が持つ記憶をたどる方法	90
WORK_016	第六感を磨いて直感を高める方法	92
WORK_017	望む未来をつくる方法	94
WORK_018	ネガティブな気持ちを消す方法	96
WORK_019	自分の前世を視る方法	98
WORK_020	身近な人の前世を視る方法	102
WORK_021	アカシックにアクセスする方法	104
WORK_022	亡くなった人と会話をする方法	108

1章

毎日に奇跡の魔法がかかる！
小さな神さまに気づく方法

誰もが小さな神さまをお預かりしている

「神さま」と聞いて、どんなイメージを持ちますか？

神道では神社にいらっしゃる神さま、キリスト教ではイエスさま、仏教ではお釈迦さまを思われるかもしれません。

国や住んでいるところによっても、神さまのイメージは違いますが、わたしのいう神さまは、それらの神さまをすべて集約した存在です。

そして、神さまは手の届かないところにいるのではなく、もっとずっと身近で、わたしたち一人ひとりの中に宿っていると考えています。

神さまのよりどころは、わたしたちの体です。実は、どんな人も自分の体の中に神さまをお預かりしているのです。

神さまはあなたの中にいて、あなたの魂がいつも安らかで愛に満たされることを願っています。あなたが神さまの存在に気づくことができれば、自分の魂を安心させることができます。

もしかしたら、「わたしには神さまとつながれるような、特殊な能力はない」と思う方もいるかもしれません。

でも安心してください。**本当は誰もが神さまとつながれる方法を知っているのに、ただ忘れてしまっているだけ**なのです。本書を読んでいただき、少しずつそのことを思い出していただければと思います。きっと読み終わるころには、神さまとの対話を楽しめるようになっていることでしょう。

神さまは、あなたの魂が安心と愛に包まれ、日々の幸せを感じることができるよう、あなたを支え、運命をともにしています。

神さまがあなたを守ってくださるように、あなたも自分の中の小さな神さまを守ってあげることができたら、人生はさらに幸せに包まれていきます。

まずは自分の中の神さまに気づこう

神さまに気がつくと嬉しい奇跡が降ってくる

自分の中の神さまに気づくだけで、人生は驚くほど変わっていきます。

こよなくわたしたちを愛してくれる神さまは、太陽の光のようなものなのかもしれません。太陽は、誰かが怒っていても、悲しんでいても、苦しんでいても、いつも同じように空の上にあります。そしてその光は、誰にでも平等に降り注いでいます。

小さな神さまも太陽と同じです。すべての中にいて、その人の魂が望むことを応援しているのです。

小さな神さまは、わたしたちの胸の真ん中にいます。

いいことがあったときは、胸が震えるほど嬉しくなりますね。これは神さまがあなたの胸の中で喜んでいるサインです。

反対に悲しいことやつらいことがあったときは、胸が痛みます。これも神さまがあなたのことで悲しんでいるサインなのです。

こんなふうに、神さまはいつもあなたと一緒にいます。

嬉しいことも悲しいことも、神さまにお話ししてみてください。神さまは喜んで、あなたが感じる喜びや嬉しさは、さらに大きくなるでしょう。また、神さまに悲しみや苦しみを打ち明ければ、心が慰められるでしょう。

神さまとの対話を繰り返すうちに、小さな神さまの存在が、とても大きなものに感じられるようになっていきます。そして、**神さまを信じてお任せすれば、目の前の世界が最善**だと信じられるようになっていくのです。

もしかしたら、そのときどきでは「これで本当によかったの？」と思うこともあるかもしれません。でも、長い目で見ると、すべてが最善の結果につながっているのです。

神さまは魂が望むことを応援する

神さまから聴いた　この世に生まれてくるしくみ

つらいことや悲しいことが続いて起こると、「なぜこんな思いをするのにこの世に生まれてきたの？」と思うこともあるでしょう。

わたしたちはこの世に生まれる前、神さまの源にいました。

神さまの源とは、大きな光の球体で、すべての魂が還っていく場所です。

魂はそこに、この世での経験と記憶のすべてを持ちよります。

だから**生まれる前のわたしたちの魂は、なにもかもすべてを知っています。**

そこではわたしたち自身も神さまであり、愛そのものでもあるのです。

神さまの源には、こんこんとわき出る金色の愛の泉があります。

わたしたちは、亡くなると神さまの源に還り、その愛の泉につかって魂の傷を癒します。温泉につかるように、ひとときの疲れを癒すのです。

泉からはつねに愛が溢れ出していますが、やがてそこから一滴のしずくがこぼれ落ちます。

それは光のしずくで、ときとして木になり、雲になり、人になり、動物になり、目に映らぬ形のないものとなって、この世にしたたり落ちていきます。

この光るしずくが、あなたの体に入り、あなたと生涯をともにして、いつでもあなたを守ってくれる小さな神さまになるのです。

そして亡くなるとき、しずくが蒸発するように、神さまの源へと還っていきます。

わたしたちはそれを終わることなく繰り返しているのです。

わたしたちに宿っている光のしずくを小さな神さまとすると、その光のもとである神さまの源の球体は、大きな神さまともいえるかもしれません。

どちらの神さまも、あなたをつねに守り支えてくれています。

もともとわたしたちは神さまの源にいた

人生を乗り越える勇気は生まれる前から持っている

神さまの源から、一滴の光のしずくとなってこの世に生まれ落ちるとき、わたしたちは、自分の魂がどの体に入るのか、そしてこの体がどういう人生を送るのかをすでに知っています。

どこの星の、どこの国の、どの地域で、どの親のもとで、どのように生き、亡くなるのか、すべて視えてしまうのです。

このとき魂が気にしているのは、この体がどんな経験をして、どんなふうに生を終えるかということではありません。

魂は「少しでも出会う人のお役に立てるのなら」「誰かを幸せにできるのなら」という思いで、この世に生まれてきます。

魂が生まれるときの強い思いが、「誰かの役に立てることが嬉しい」というわたしたちの気持ちの源になっているのかもしれませんね。

わたしたちはこうして、この世に生まれるとき、自分の人生をすでに受け入れて選んでいます。今まで起こった出来事も、これから起こる出来事も、**生まれる前に「経験する」と決めて、神さまと一緒に生まれて**きました。

これはとても勇気のいることですよね。

ところが、一滴のしずくが体に入った瞬間、神さまに関する記憶は消えてしまいます。だから孤独を感じて、さびしくてたまらないときもあるでしょう。

でもあなたの魂と一緒にこの世に飛び込んだ神さまは、生まれてから死ぬまであなたを支え、運命をともにしています。

あなたの中の小さな神さまは、あなたの魂が勇気を持って生まれてきた記憶も、神さまの源にいた記憶も、すべて持っています。神さまに気がつくことで、あなたも少しずつその記憶を取り戻すことができるのです。

どんなことも、神さまと一緒に歩んでいる

小さな神さまの聖なる役割

わたしたちの魂は、つねに愛と自由を求めています。

でも、大人になるにつれて、つい、「もう歳なんだから」「こんな自分ではダメなのではないか」と、自分の魂をしばってしまいがちです。

それを、小さな神さまは悲しい気持ちで視ています。小さな神さまはあなたにいつも幸せでいてほしいと願っているからです。

神さまは、いつもあなたに向かって「大好きだよ、愛しているよ」とメッセージを送ってくれています。神さまは、あなたをこよなく愛し、どんなあなたでも受け入れて、全力で味方をしようとしてくれているのです。

神さまからのメッセージを受け取ることができるようになれば、あなたは神さまの愛を感じ、安心していられるようになっていくでしょう。あなたを包みこんでいた漠然とした不安は去り、大きなものにゆったりと身をゆだねる心地よさを感じられるようになっていきます。

ところが、あなたが「自分なんて……」とダメ出しをしていると、神さまからの愛のメッセージが届きにくくなってしまいます。**不安や自己否定が、神さまからの声をかき消してしまう**のです。

だから、神さまからのメッセージを受け取るために、まずは自分に向かって「大好きだよ、愛しているよ」とつぶやいてみてください。

この言葉は、すべてを許し何もかもを肯定する、強いエネルギーを持った言葉です。つらいこと、悲しいことがあったときこそ、自分自身に「大好きだよ、愛しているよ」と話しかけてみましょう。

そうすることで不安よりも安心感が大きくなり、神さまの声が聴こえるようになって、神さまとのつながりを深めることができるのです。

魂が安心すると、より神さまとつながれる

365日あなたをガードする光の球体の不思議

予定していたのに、「やっぱりやめよう」と急に気が変わったことがありませんか？　第六感とか「虫の知らせ」とかいわれるもので、直感の一種です。

そして予定を取りやめにしたり、予定と違うことをしたら、大雨にあわずにすんだとか、渋滞に巻き込まれずに帰ってこれたりしたなど、「やっぱりこうしてよかった」という結果になることが多いですよね。

実は、こうした直感は、小さな神さまとは別の「応援部隊」がもたらしてくれているのです。その応援部隊はわたしたちを取り囲んでくれています。

先ほど、わたしたちがこの世に生まれてくるしくみについて、お話をしました。

神さまの源にある愛の泉からひとしずくが落ちて体に入り、この世に生まれてくるのでしたね。そのしずくは体に入って小さな神さまとなります。
ところがそのときに体に入りきらなかった部分があるのです。それが、光る球体になってあなたを包みこみ、小さな神さまと一緒にあなたを守ります。大きな光り輝く風船の中にあなたがいて、その中に小さな神さまがいる、とイメージするとわかりやすいでしょうか。

光の球体は、神さまの源にいたときの記憶と、鋭いアンテナを持っています。そして、あなたの身になにかが起こりそうになったとき、どうにかしてあなたにそれを知らせようとします。

ところがそれを直接あなたに伝えることができないので、小さな神さまを通してあなたにメッセージを伝えます。

光の球体が出したサインは、小さな神さまの翻訳によって第六感となり、あなたを守る役割を果たしているのです。

光の球体のサインは、神さまが翻訳してくれる

子どものころは誰もが神さまと近い存在だった

子どものころ、ちょっとしたことでワクワクと胸が高鳴ることがありましたね。夜空の下を歩いているとき、ずっとお月さまがついてきてくれてびっくりしたり、自分もいつかは鳥のように空を飛べるようになると本気で思ったりしていました。

すぐに泣いたり、ちょっとしたことで嬉しくなったりして、いつでも自分の気持ちを素直に出すことができました。

そして何の不安も持ってはいませんでした。お父さんやお母さんが当たり前のように自分を守ってくれて、身のまわりのお世話を全部してくれていました。「明日、ごはんが食べられないかもしれない」なんて、考えたこともありませんでしたよね。

子どものころ、きっと**わたしたちは神さまとの距離が近かった**のでしょう。だから見えない世界をイメージできたし、いろいろなものに感動できたし、自分の気持ちに正直でいられたし、いつも安心していられたのです。

子どもは、うまく言葉を使って説明することができません。そのかわり、神さまがつねにサポートしてくれて、第六感を働かせてくれます。

ところが、大人の会話が理解できるようになる10歳くらいから、第六感は次第に薄れていってしまいます。自分の目に映るものや、目に届くものを頼りに情報を得ることを知り、そうして得た情報を「確かなもの」と思うようになっていきます。やがて第六感に頼ることがなくなって、神さまとの距離が遠くなってしまうのです。

自分の中の小さな神さまに気づけるようになると、子どものころのワクワクした気持ちがよみがえってきて、毎日が楽しくなりますよ。

みんなもともと、不思議な能力を持っていた

魂がリラックスすれば人生はうまくいく

いいことのあとには、悪いことが起こると思っている人がいます。素直に喜ぶだけでいいのに、なぜか「こんなラッキーなことばかりあるはずがない。この反動で、すごく悪いことが起こるかも……」と取り越し苦労をしてしまうのですね。

わざわざ自分の中の「不安」を呼び起こすことで、最悪の事態になったときに備えようとしているのかもしれません。失敗したときのことを考えて準備をしておけば、ショックを軽くできると、無意識のうちに自分で自分を守ろうとしているのでしょうね。

でも、心の中に不安があると、あなたの中の小さな神さまからのメッセージはもちろん、あなたを取り囲んでいる光の球体からのサインも、受け取りにくくなってしまいます。

魂が恐怖でしばられているとき、人は答えを外に求めようとします。答えはいつも自分の中にあって、それを引き出すサポートをしてくれるのは、自分の中の小さな神さまや光の球体です。

けれども魂が不安と恐怖にかられると、そのことを忘れてしまうのです。

だからといって、なにもかも、すべてをポジティブにとらえようとするとそれが強迫観念となり、魂を窮屈にしてしまいます。

大切なのは、**魂を緊張から解き放って、ゆるめてあげること**です。

ちょっとしたトラブルがあっても「こんな日もあるさ」と受け入れる、心の余裕があったらいいな、と思うのです。

「わたし、このままでいいんだよね」と神さまにお任せできたら、魂がリラックスして、神さまといい関係がきずけている証《あかし》ですよ。

魂がゆるめば「このままでOK」と思える

球体の外側で「お守り隊」がガードしている

わたしたちを守ってくれる存在に、自分の中にお預かりしている小さな神さまと、体に入りきれなかった光の球体があるとお話ししました。

実はこのほかにも、わたしたちをガードしてくれている存在がいます。それは、球体の外側にいる「お守り隊」です。

「お守り隊」のメンバーはさまざまです。一番多いのはご先祖さまですが、生まれたときに最初に行った神社の氏神さまや、道端のほこらにお祀《まつ》りされている神さま、お地蔵さま、中には精霊や妖精、天使の場合もあります。

ご先祖さまのことは孫の代までは、記憶がありますよね。子孫が覚えている間、ご先祖さま自身の記憶も、この世に残っているといいます。

そして、子孫のことを見守って、サポートしてくれているのです。

「お守り隊」のメンバーには、好きだったおじいさんやおばあさん、心惹かれる妖精や天使、お気に入りの場所の精霊など、自分が気になっている存在が入っていることが多いようです。

小さな神さまや光の球体は、一生変わらないまま、あなたを支えて守ってくれますが、「お守り隊」はそのときどきでメンバーが変わります。

なぜかというと、**そのとき必要なメンバーが「お守り隊」に入る**からです。

「お守り隊」は、物事がなるべく早くうまくいくよう、現実的な働きをしてくれます。小さな神さまや光の球体は、直接的なアドバイスをするというよりも、長期的にあなたを見守る存在なので、役割が違うのですね。現世利益的な存在といえるかもしれません。

波長が合うと感じたり、気になる存在、場所があったら、その存在に意識を向けたり、その場所に通ったりして、ご縁を深めていけるといいですね。

光の球体のまわりにはお守り隊もいる！

人生は本当に不平等？
神さまに聴いた光の記憶

悲しいニュースを見たり聞いたりすると、まるで自分のことのように胸が痛むことがあります。また、映画を見ていると、みんなが同じシーンで感動して涙を流したりしますよね。

それは、**かつて誰かが経験した悲しみや喜びの記憶を、あなたの小さな神さまが持っていて、魂が反応しているから**です。

人は亡くなると、魂が体から抜け、神さまの源に還り、この世の記憶とともに、愛の泉に溶かされていきます。

神さまの源では、この世で生を終えたすべての人の魂の記憶が集められて、ひとつの光の記憶になっていきます。つらいことの多かった人の記憶も、幸せに満たされた人生を送った人の記憶も、愛の泉に溶けて、ひとつの記憶としてたくわえられるのです。

そして、しばらく大きな神さまのもとで魂を癒したあと、ふたたび愛を経験して記憶を持ち帰るために、この世に飛び込むため生まれ落ちていきます。

わたしたちの体は残念ながらそのことを忘れてしまっていますが、わたしたちの中に入った小さな神さまは、すべての魂の記憶を持っています。

もし、あなたのまわりにつらい思いをされている人がいたら、それは愛を神さまの源に持ち帰るために、あなたのかわりにつらい経験をしてくれているのかもしれません。

もし、あなたに意地悪をする人がいたら、あなたのかわりに、生まれる前に、嫌な役割を引き受けてくれていたのかもしれません。

わたしたちが還る神さまの源では、あなたの愛は誰かの愛でもあり、あなたの苦しみは、誰かの苦しみでもあります。わたしたちはひとつなのです。

どんな経験も神さまの源で愛に溶け合う

2章

魂がどんどん楽になる！

「神さま孝行」の秘密

魂が喜ぶ「神さま孝行」をしよう

神さまの存在に気づいたあなた。これからはよりいっそう自分の中の小さな神さまを身近に感じ、つながれるように、「神さま孝行」をしましょう。「神さま孝行」とは、**あなたの魂が心地よくいられること**です。神さまとわたしたちは一心同体なので、あなたの魂が喜ぶことをしてあげましょう。

「神さま孝行」をしようと心に決めると、いろいろな変化が起こります。中でも大きいのが「自分を大好きになれる」ということです。

わたしも以前は、自分の名前も、容姿も、性格も、何もかもが嫌いでした。両親に対する心の闇をなくすことができずに、自分の宿命を呪い、未来に対して絶望と大きな恐怖心を抱いていました。わたしの心の中は、自信のなさと、どうすることもできない悲しみで溢れていました。

ところが神さま孝行が自然とできるようになったある日、わたしは自分のことが好きになっていることに気がついたのです。名前も嫌いでなくなり、容姿についても「生きてきた年輪が現れて悪くないわ」と思えるようになっていました。

「神さま孝行」でそれまで気にもとめていなかった些細なことから、神さまの愛を感じ取れるようになり、大きなエネルギーが自分の味方になってくれているのを実感できるようになるのです。

わたしはこれを**神さまワールドにつながったおかげ**だと思っています。神さまはあなたを許すこと、あなたを愛することしかしていません。ほかの人はあなたを非難もすれば、否定もすることでしょう。それは、生きていたら当然のことかもしれません。

けれど、神さまは、誰にどれほど否定をされても、あなたの味方です。

あなただけが愛おしくてたまらないのです。神さまに愛されていることを知ったあなたの魂はどんどん安心で包まれていきます。

1秒で神さまが反応する！最強の言葉は「愛してる」

神さまを体にお預かりしている「自分」という存在は、この世で一番大切にしなければならないものです。

その自分に対して「愛してるよ」という言葉を、ふんだんにいってあげてください。**「愛してる」はあなた自身を許し認める、最高の気づきの言葉**です。

生きていると、いろんなことがありますね。楽しいことや嬉しいことだけではありません。ときには悲しみや苦しみ、憎しみを感じることもあるでしょう。「愛してる」はそのすべての感情を包みこみ、癒してくれるのです。

わたしは日に何度も「神さま、ありがとう。愛してるよ」と口に出すことにしています。

この「愛してる」と自分にいう言葉は、**今まで生きてきたことのすべてを**

無意識に許す言葉なのです。

また一生懸命に生きてきたあなたをただ認めてあげる言葉でもあります。

口に出して「愛してるよ」と唱えてみましょう。

最初は、ちょっと恥ずかしいかもしれません。わたしも自分を嫌いだったので、なかなかその言葉に気持ちを込めることができませんでした。

でも、たとえ棒読みでも、思い切って口にすると神さまがとても喜び、ほめてくださるのです。それが嬉しくて夢中で「愛してるよ」という言葉を口にするようになりました。

今では、きれいな景色を見ることができたとき、嬉しいことがあったとき、「神さま、ありがとう。愛してるよ」という言葉がすらっと口から出てきます。

わたしの一日講座やワークでも、「○○ちゃん、愛してるよ！」という練習をします。みなさん慣れないうちは、恥ずかしくていいづらそうですが、慣れるにしたがって、魂が穏やかになっていきます。

ひとりごとは神さまとの「ふたりごと」

「愛してるよ」と自分の中の小さな神さまに話しかけるようになると、自然とひとりごとが多くなっていきます。太陽を見ても、月を見ても、風も花も木々も、すべてから神さまのメッセージを感じられるようになり、思わず言葉が出るようになるからです。

人は自分の中の神さまの存在を強く感じるようになるにつれ、心の琴線に触れることが多くなり、感情が豊かになって、涙もろくなっていきます。年齢を重ねると涙もろくなるのは、もしかしたらそういうことなのかもしれませんね。

このことに気がついてから、わたしはひとりの時間をとても大切にするようになりました。**自分の魂が自由になる大切な時間**です。逆にひとりの時間を持つことができないときは、苦しくなってきます。ひとりでいるときなら、まわりの人の目を気にすることなく、好きなだけ大好きな神さまとお話しをすることができます。そして笑いたければ笑い、泣きたければ思う存分、涙を流すことができます。

ひとりごとは実はひとりごとではなくて、自分の神さまとの対話、神さまとの「ふたりごと」なのです。

とはいっても、思うようにひとりの時間がつくれないという方も多いかもしれません。そのときは、現実にひとりきりになれなくても、「ひとりの意識の時間」を持つようにするということでもかまいません。通勤途中の電車の中で、声には出さず、心の中で神さまとお話しするようにしてもいいでしょう。

ひとりの時間は、自分の神さまと向き合える、大切な時間です。毎日の忙しい生活の中で、神さまとの「ふたりごと」の時間を持つことができれば、魂をよりゆるめることができます。

素敵な思い込みは魂の鎖をほどく

自分の好きなことをして楽しそうに過ごしている人や、仕事で成功している人は、**自分の気持ちを盛り上げることが上手**だなあ、といつも思います。

そして、上手に「思い込み」を使っているようにも見えます。

「あの人は思い込みが強い」など、どちらかというと悪い意味で使われることの多い「思い込み」ですが、使い方次第でとてもいいものになります。

「わたしは神さまに愛されて、守られている。わたしは引き寄せ上手」

そう思えたら、どんなに素敵でしょうか。そしてこう思い込むことが、とても大切なのだと思います。だからといって、その人が特別に神さまに愛されているわけではありません。だってわたしたちはみんな、自分の神さまに愛されて守られているのですから。

でも、「神さまに特別に愛されている」と思い込める人は、**上手に自分という存在を認めることのできる、自分を肯定することが上手**な人なのではないでしょうか。それが素晴らしいと思うのです。

その素敵な思い込みこそが、実は、魂が安心する秘訣でもあるのです。

人はついつい自分を低く評価してしまいますね。わたしもそのひとりです。

けれど、ここで一回、声に出していってみましょう。

「わたしは、世界中で一番、神さまに愛されている！」

こうすることで、あなたは神さまに特別な愛をいただいている強運の持ち主だと、実感することができます。そして、その実感を裏づけるような、幸運な出来事が不思議と次々に起こってくることでしょう。

どうぞあなたも声に出していってみてください。

「わたしは世界で一番、神さまに愛されています。わたしはとても強い運を持っています。神さま、ありがとう」

勝負に出るときこそ神さまにゆだねよう

仕事や人間関係で悩んだとき、前に進むために何かを決断したり、行動したりしなければいけないことがあります。

そんなときわたしは、自分の中の小さな神さまに聴こえるように、「すべてが最善でありますように。神さま、すべてをお任せします」と口にするようにしています。

そうすると、それは神さまに対して、無理をいうことのように感じるかもしれません。

でも神さまは無理難題をお願いされると喜びます。**無理なことをお願いすると、神さまがそれを自分への信頼の証と感じて、嬉しいと思ってくれるのです。**悩んだときこそ、どんどん神さまにお任せしましょう。

すべてをゆだねたら、あとは神さまが出してくださる答えを待つだけです。場合によっては、わたしが心の中で「こうなったらいいな」と思っていたことと、違った結果になることもあります。

でも、それはそれでいいのです。

たとえそのときは自分の思ったとおりにならなくても、あとから振り返ったとき、「あのときはあれでよかったんだ。あれが最善の結果だったんだ」と思えることが多いからです。**すべて、神さまがあなたを思ってしてくださった、お計らい**なのですね。

神さまはわたしたちのワガママや願いを、すべて聞き入れてくださるわけではありません。もちろん冷たくはねのけるわけでもありません。

ただ、わたしたちに対して、最善の道を示してくださっているだけなのです。

だからあなたに、「こうなりたい」、「わたしはこうしたい」と思うことがあったら、遠慮せずにお伝えしてくださいね。

歳を重ねても美しい人は魂の喜ばせ上手

早いもので、わたしがこの世に生まれて、半世紀以上がたってしまいました。誰でもそうかもしれませんが、わたしは若いころ、自分の容姿に満足することがなくて、不満でいっぱいでした。

けれど、ありがたいことに年齢を重ねるにしたがって、それが大したことではなかったと思えるようになってきました。昔ほど自分の容姿も、あまりよろしくない頭の出来も、今はそれほど気にならないのです。

若いときは、目をもっとぱっちりさせようとお化粧でがんばっていたでしょうし、頭のよさそうなふりもしたでしょう。

ところが、小さな神さまと仲良しになっていくうちに、「人は生きてきたことが顔に出るのね。なんてありがたいことなんだろう」と思うようになりました。顔の造作とは関係なく、**小さな神さまと胸の中で会話していて、心が満たされている人は、表情が豊か**なのです。

だからといって、「いいことだけをして、いいことだけを考えなさい。曇りのない、透明な美しい心を持ちなさい」ということではありません。生きていれば煩悩も生まれますし、他人を妬むこともあるでしょう。人から冷たくされたり、どうしても好きになれない人にいやなことをいわれたりして、落ち込んで相手を恨むこともあるでしょう。

それは人としてごく普通の感情です。大切なのは、どんな悩みや苦しみを抱えようとも、それを見て見ぬふりをしたりしないこと。**自分の心のありように気づいてあげること**です。そうすることで、あなたの中の小さな神さまが、とても安心するのです。わたしたちの魂は、どんな感情を持ったとしても、決してけがれることはないのです。

このことに気がつけると、歳を取ることは楽しみに変わります。

「がんばって生きてきたんだね」としみもしわも愛しくなってしまいます。

見知らぬ誰かとのふれあいに小さな神さまが喜ぶ

犬を連れて見知らぬ田舎の道を散歩していたときのことでした。途中ですれ違った、見知らぬ３人の中学生の男の子たちに「こんにちは」と、口々に挨拶されました。

最初は、中学生が知らないおばさんに挨拶をしてくれたことにびっくり。「えっ？　わたしに？」と思いがけなかっただけに嬉しくて、「こんにちは！」と大きな声で返したあと、その後姿を眺めていたら、胸が感動で震えてきました。そして「あなた達の未来がずーっと幸せでありますように」と願わずにはいられませんでした。

このように見知らぬ人との嬉しいふれあいの経験が、きっとあなたにもあることでしょう。そしてあなた自身のしたことが誰か見知らぬ人に、喜ばれたこともあったでしょう。

そのとき、「親切にしてあげよう」なんて考えずに、とっさに行動していますよね。

もちろん、相手の方からの見返りを求めてはいません。だから「ありがとうございます」と相手の方にいわれると、意識をしていなかったのでハッとして嬉しくなります。

そういう何も求めていないやさしさにふれるたびに、胸がほんわかあたたかくなったり、魂にじんわりしみてくるものを感じたりします。それは、**その人の中の小さな神さまにお会いできた嬉しさ**で胸が震えているからです。

逆に人から「ありがとうございます」といわれたときは、自分の中の神さまに感謝された気がして、とても嬉しくなりますね。

誰かのやさしさに感謝したり、自分が無意識のうちにした親切に感謝されたりしたとき、自分だけでなく相手の神さまも喜んでいるのです。こんな素敵な時間が、たくさん持てたらいいですね。

部屋に宿る神さまと話してみよう

神さまは、人間や動植物だけに宿っているわけではありません。**部屋にも神さまが宿っていて、わたしたちの愛を感じ取り、応えてくれようとしています。**

わたしはみなさまのご相談を受けるためのセミナールームを借りるようになってから、その思いがいっそう強くなりました。最初に部屋を見たとき、すぐ前に民家があって、空がほんの一部しか見えないのが気になりました。入居してみて知ったのですが、部屋が東向きなので、朝しか陽が入ってこないことに、少しがっかりしたものです。

でも、せっかくご縁があった部屋なので、いいところを見つけて好きになろうと思い、その家の神さまに「いいお部屋ですね。わたし、ここが大好きです」と、何度も話しかけるようにしたのです。

するとどんどん部屋のエネルギーが変わっていくのがわかりました。

そして、次第に居心地がよくなっていき、今ではほかのどんな部屋よりもここがいい、ここだからこそ、みなさまがゆっくりと安心してお話をしてくださるのだと、そう思えるようになりました。

このように**部屋に宿っている神さまは、愛情や愛着が伝わると、喜んでくださいます。**

それはモノでも同じです。

使わなくなったモノを処分するときは、最後に「これまでお世話になりました。大好きだよ、ありがとう」とねぎらいの言葉をかけてあげるといいですね。

モノに宿っていた神さまが「自分の役目をきちんと果たすことができてよかった」と喜びます。

そうすると、あなたの魂もじんわりとあたたかくなります。

四季おりおりの生命力のメッセージ

木や草の香りをかいだとき、ふと昔の懐かしい記憶が立ち上ってくることがあります。香りには何十年もの時の流れを、一瞬にしてさかのぼらせてくれる強い力がありますね。

たとえば、夏の青い草のにおい。夏の日盛りにお昼寝をしていたことや、激しい夕立に息を呑んだことがたちまちのうちに思い出されます。夏の青草に、精いっぱい伸びようとする草の生命力を強く感じます。

秋の森の、甘い香りも忘れられません。あるときそれが「カツラの木が、色を染めようとしているときに発するにおい」と知り、驚きました。

植物は、わたしたちを四季おりおりの味覚でも楽しませてくれます。わたしはそこに、**神さまからの生命力のメッセージ**を感じ、しみじみと「ありがたいな」と思います。

春キャベツのパリッとした食感や、イチゴの甘酸っぱさを味わうと、わたしの住む北国の長い冬が終わって、春がやってくるのを感じます。

夏のほてった体には、キュウリやゴーヤなどウリ系のお野菜が癒しになりますね。ミョウガのシャキシャキした歯触りも大好きで、よくいただきます。

秋になって、キノコや栗がおいしくなってくると、「冬ごもりの準備をする日も近いのね」と感じます。

冬にはニンジンやダイコンなどの根菜類が甘みを増してきます。土の中で育つ根菜類には、地球のエネルギーが凝縮されていっぱい詰まっていますね。

思いきり季節の香りを吸ったとき、季節の味に自然の恵みを感じたとき、わたしは「神さま、ありがとう」といわずにはいられません。

散歩で自然の中を歩いたり、買い物をしたりするとき、「今日はどんな神さまからの贈りものに出会えるのかしら?」とまわりを見てみましょう。

きっとすてきな出会いがありますよ。

自然の中で神さまと一体化する時間を持つ

このところ仕事で東京に行くことが多くなって、気づいたことがあります。それは思っていたよりも、自然を感じられる場所なのだなあ、ということです。わたしにとって「東京＝自然がない」というイメージだったのですが、そうではなかったのですね。

街路樹の葉っぱがそよそよと気持ちよく揺れたり、線路の上の歩道橋から大きな空が見えたりすると、「ああ、**神さまはどんな場所ででも、自然の美しさを感じさせてくれる**のだな」と感謝の気持ちがわいてきます。

わたしが普段、車に犬や猫を乗せて行き着く先は、自然がたっぷり残されたところです。

そこにいると、まるでわたしが自然の中に溶け出して、自分とまわりの区別がなくなっていくような気がします。神さまと一体化した感覚というのでしょうか。心から満たされて、リラックスできる時間です。

山を見ると、雄大さや神秘性に打たれますね。日本には古くから山の神さまを敬う山岳信仰があるので、人間が近寄れない聖域というふうに感じる人も、多いのではないでしょうか。

わたしは山を見ると、地球の息吹のほうを強く感じます。地球の内側で活動が起こり、盛り上がってできたのが山だという思うからです。地球が呼吸していることを思い、わたしも地球も同じように命を持つ生き物なのだなあ、と感じます。

わたしたち一人ひとりの中にも、自然の中にも、**地球という大きな生命体の中にも神さまがいる**のですね。

どんな場所にも神さまはいて、わたしたちを見守り、励ましてくれていま す。大都会で見る葉のそよぎにも、人っ子ひとりいない森にも、神さまがいてそのルーツは同じだと思うと、嬉しくなるのです。

感動することで神さまを感じよう

花や木など、植物に宿った神さまは、わたしたちにさまざまなことを教えてくれます。

たとえばわたしは花を見ると「がんばって咲いてくれてありがとう。偉いね」と応援したくなります。

そして「こんなにきれいに咲いてくれたんだから、みんなに見てもらおうね」という気持ちになります。

そして花を咲かせるために、養分を吸い上げた木や茎や根は「あなたががんばってくれたから、わたしはこんなにきれいなお花を見ることができました。ありがとう」という気持ちにさせてくれます。

わたしたちは、つい「〜のために」と目標を求めてしまいますね。

でも、お花には目標はありません。何の執着もなく、ただ咲くときだけを待って咲き、散っていきます。今、この一瞬に、ただ一生懸命です。

そんなお花を見ていると、わたしたちの生き方もそれでいいのかなと思うのです。あなたはあなたのことで一生懸命。わたしはわたしのことで一生懸命。自分のために一生懸命に生きるだけでいいのです。

相手には相手の神さまがいて、わたしにはわたしの神さまがいて、お花にはお花の神さまがいます。すべてのものには神さまが宿っています。

そして神さまが還っていく場所は、「神さまの源」ただひとつです。

歳をとればとるほど、人や自然に対して感動できるようになり、さらにいろいろなことに喜びや感謝を見いだせるようになります。それは感動することで神さまを感じることができるからではないでしょうか。

「平凡な一日だったけど、今日もいろいろなことに感動して、たくさんのことに感謝しました。いい一日でした。明日もいい一日にいたします」と寝る前に神さまにお話できることが、喜びになります。

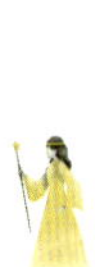

3章

不思議能力のスイッチON！
神さまパワー体感ワーク

神さまパワーを体感しよう！

テレビなどで霊能者や占い師を見て、「特別な力を持っていてすごいなぁ」と感じたことはありませんか。実は、この世に特別な霊能者はいなくて、不思議な世界を視たり、聴いたり、感じたりする力は、誰もが平等に持っています。でも、生まれてくるときにその記憶を忘れてしまうため、「自分にはそんな力はない」と勘違いをしてしまうのです。

この章では、小さな神さまの存在を実感したり、わたしたちを取り巻く目に見えない「不思議世界」を体感したりできるワークをご紹介します。

ワークを通じて神さまとより仲良くなったり、目に視えないエネルギーを感じることができるようになったりすると、あなたの中に眠っていた不思議能力が目覚めていきます。ワークは順番通りに行わなくてもかまいません。「これをやってみたい！」と思ったものから、試してみてくださいね。

実践・神さまワーク 1

あちらの眼で不思議世界にワープする方法

1

目の位置を一点に置く

あごに手を添えて一点を見つめます。そのまま、ぼ〜っと一点を見ながら、今までに見た、一番キレイな星空を脳裏に思い浮かべてください。

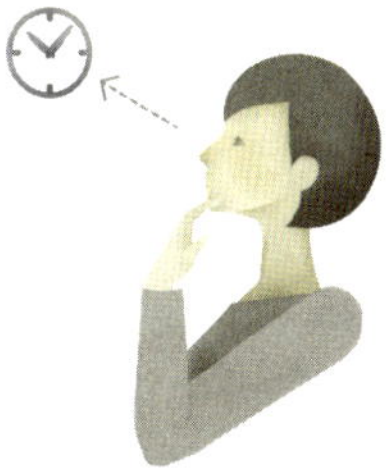

あちらの眼で視る世界は神さまの世界とつながっています。

2

目の裏側にあるレンズを開く

こちらの目を開いたまま、脳裏に星空が視えたら、あちらの眼が開いているサインです。

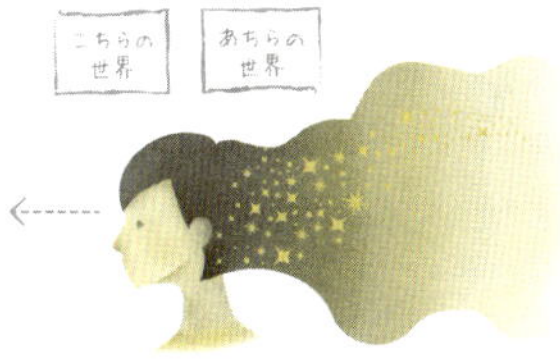

魂エネルギーを視る方法

エネルギーは、誰にでも視えるということを体験してみましょう。

1

指先のフチに目線を置く

手をひろげて、指先の1～2ミリ上をぼーっと見ます。

2

指先からビームが伸びていく

あちらの眼を開くと、指先からビームのような魂エネルギーが、だんだんと放射線状に伸びていきます。手を少し動かしてみると視やすくなりますよ。

神さまに聴いた

体が持っている色の不思議のこと

ⓐ生命エネルギー

誰もが体に七色を持っています。玉虫色のベールがオーラにかぶさっています。

ⓑ魂エネルギー

魂の色のベースはゴールドです。その日の体調などにより色の濃淡が変わり、オレンジゴールドや、イエローゴールドにも視えます。

ⓒオーラ

オーラの色は洋服の色の主張に影響されやすいように思います。洋服の色は、そのときの自分の心の状態があらわれやすいのです。

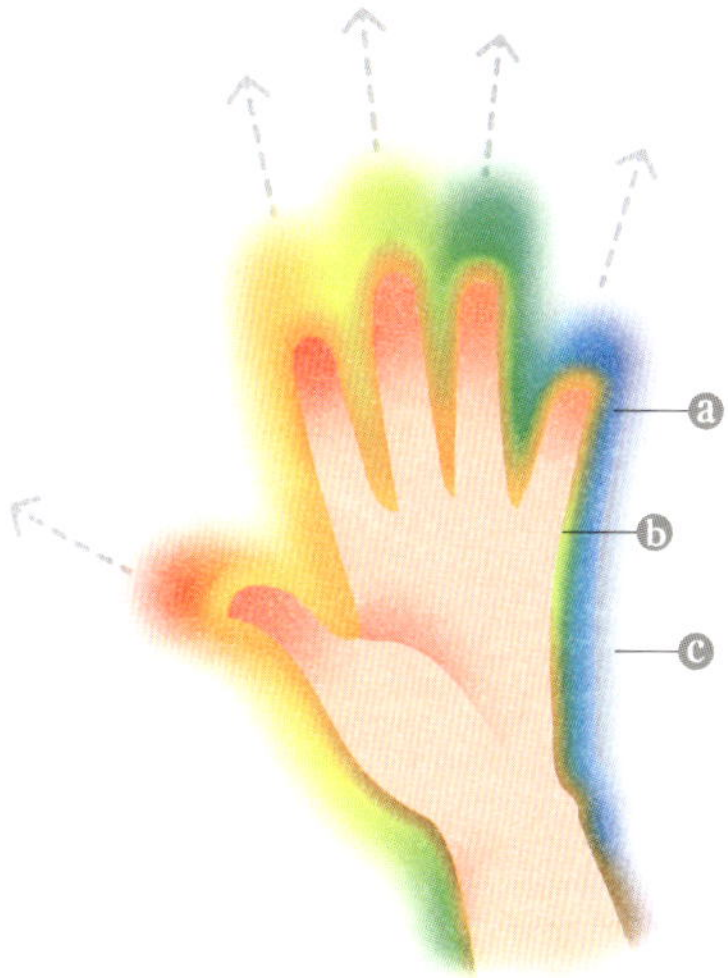

神さまと通じ合う金粉の出し方

金粉は神さまからのサインです。楽しむ心が大切ですよ。

1

小さな神さまを思い浮かべる

胸の中心で神さまとつながっているということを意識しながら合掌し、「愛してるよ。大好きだよ」と神さまに話しかけます。

2

手をひらひらと左右にふる

体の前で両手を開き、「金粉、出ておいで」と呼びかけます。金粉が見えて「嬉しい！」と感動すると、もっとたくさん出てきますよ。

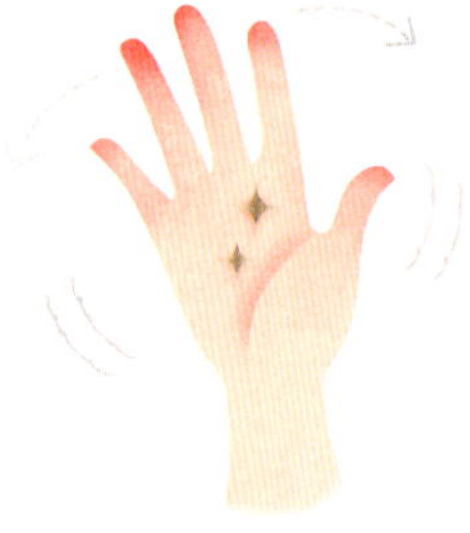

神さまに聴いた

手のひらのサインの神秘

ⓐ 金粉

ご神気をいただいている人は金粉があらわれやすいです。ラメは手でこすると動きますが、金粉は動かないので触ってみて。

ⓑ 銀粉

ご先祖さまを大切に供養されている方にあらわれやすいです。

ⓒ 虹色

妖精や天使、龍など、こちらの目では見えない、不思議な存在からのサインです。

神さまメモ

わたしも出産してしばらくは金粉がなかなか出てきませんでした。子育てに追われ、不思議な世界から遠ざかっていたのかもしれません。

願いがどんどん叶う！龍のエネルギーのもらい方

自分専属の龍から願いを叶えるエネルギーをもらいましょう。

1 風を感じられる場所に行く

風を感じる場所で、人差し指を天に向けます。口をすぼめて、口笛を吹くつもりで長く息を吐きます。

2 風をたばねて龍をつくる

指先に大気の流れを集めるつもりで、円を描きながら腕をまわします。その円があなたの龍になります。

3

龍を成長させて体にまとおう

描いた円を大きく動かすと、龍も大きく成長していきます。指をらせん状に体に下ろしながら、龍のエネルギーを体に巻きつけるイメージをしましょう。気の向上、気のバリアにもなります。

神さまメモ

龍といえば、緑色のイメージを持たれる方が多いですが、色も形も自由に、自分だけのお気に入りの龍を想像してさらに名前をつけてあげましょう。

いやな部屋を神さまパワーで満たす方法

部屋のエネルギーは、自由自在に変えることができます。

1 家の神さまに呼びかける

部屋の中心に立ち、胸の前で両手を合わせて「わたしはこの部屋が大好きです」と家の神さまにお伝えします。

2 天井に文字を浮かべる

天井に「この部屋が大好きだよ。愛しているよ」という大きな文字を思い浮かべます。

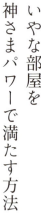

3

文字から落とした光で部屋を満たす

天井に浮かべた文字から、虹色やゴールドの光の粒が部屋中に降り注ぐ様子をイメージしましょう。部屋が愛のエネルギーで満たされていきます。

神さまメモ

家には家の神さまがいます。家の神さまに呼びかけるようにいうと、神さまが喜んでいいエネルギーが満ちてきます。

蓮の花のパワーで相手の怒りを鎮める方法

怒りに支配されて苦しんでいる人の波動を優しく癒してあげましょう。

1

手のひらに蓮の花を咲かせる

水をすくうようにして両手をそろえ、両手の中にピンク色の蓮の花をイメージしてみましょう。

2

蓮の花の上に相手の姿を乗せる

蓮の花の中にすっぽりおさまる大きさの相手の姿をイメージしてください。だんだんと花びらが内側にとじ相手が蓮の花びらで包まれていきます。

3

蓮の花を通して相手の神さまに祈る

完全に相手が蓮の花に包まれたら、「どうか相手が穏やかでありますように」と相手の神さまにお願いします。

神さまメモ

自分の怒りを鎮めたいときは、自分自身をイメージしてみてください。静かな場所で意識を集中すると効果抜群ですよ。

宇宙エネルギーで体を満たす方法

不安なときや自己嫌悪に陥っているときは宇宙エネルギーで魂を満たします。

1 宇宙にほめる言葉を浮かべる

あちらの眼で、宇宙にキラキラした自分をほめる言葉が、たくさん浮かんでいるイメージをします。

2 体の中に大きな筒を用意する

自分の体が縦に二つに分かれていき、間に太い筒が通っていくイメージをします。透明の筒で自分の背後の景色がすけて視えます。

3

浮かべた文字を筒に注いで満たす

1で宇宙に浮かべた文字と光を、頭から一気に注ぎこみ、筒の中を満たしていきます。

神さまメモ

自分をほめる言葉で体が満たされたら完了です。宇宙の光とほめる言葉が小さな神さまを満たしてくれますよ。

手紙に想いのエネルギーを入れる方法

手紙を受け取る相手の人の神さまに想いを伝えましょう。

1 想いに合った宇宙文字を選ぶ

伝えたい想いに合った、宇宙文字を左から選びましょう。

2 手紙の上から宇宙文字をそらでなぞる

手紙を書いて折りたたみ、その上から1で選んだ宇宙文字を人差し指で書きます。そのまま手紙を便箋に入れたら完成です。

エネルギーアートから パワーをもらおう

エネルギーアートとは、不思議なパワーを持ったイラストのこと。イラストに触れるだけでご自分がほしいエネルギーを得ることができます。

使い方はかんたん。下の図から、自分がほしいエネルギーを選び、次のページのイラストの該当箇所を指でふれてください。

「ありがとう」「愛しているよ」と、いいながらふれると、そのエネルギーがあなたの体に入っていきますよ。

エネルギー案内図　イラスト全体…魂が安心する

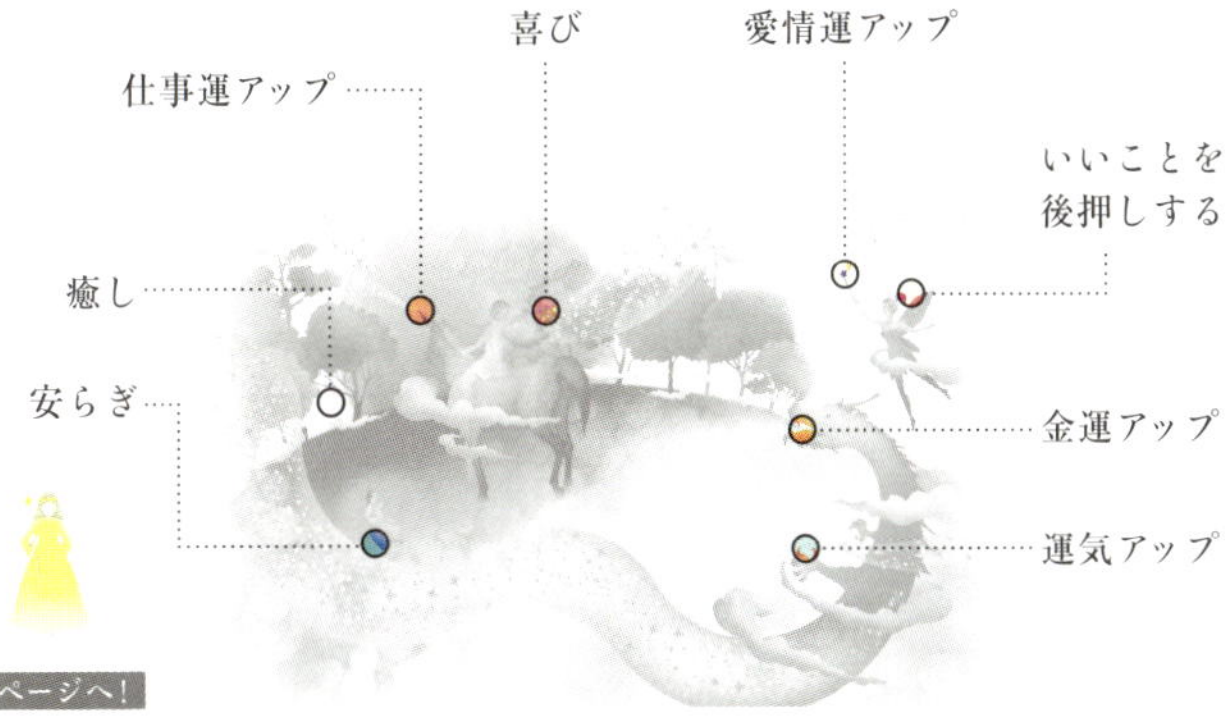

次ページへ！

遠隔ヒーリングで大切な人を癒す方法

今いる場所から遠くにいる人を癒すことを遠隔ヒーリングといいます。

1

祈りのエネルギーを運ぶ光の玉をつくる

両手の上にオレンジゴールドのバレーボールくらいの光の球体を思い浮かべます。この球体が祈りのエネルギーを相手に届けてくれます。

2

癒したい相手をイメージする

相手をそのオレンジゴールドの球体の中にすっぽりと包むイメージをします。

3

光の玉に祈りをこめて相手を包む

「どうぞ○○さんがお元気でありますように」と相手に対する祈りを球体に込めたら、静かに合掌します。

神さまメモ

時間の目安は1分。祈りのエネルギーを直接相手に届けようとすると気負けしてしまうことがあります。ポイントは光の玉に仲介してもらうこと！

傷ついた気持ちを浄化する方法

つらいことや、いやなことがあるときは魂を癒してあげましょう。

1 金のアミを用意する

意識が集中できる静かな場所にいき、五芒星《ごぼうせい》がつらなったキラキラ輝く金のアミを思い浮かべます。

2 胸の真ん中にアミをはめる

神さまとのつなぎ目である胸の中心が金のアミになったイメージをします。金のアミになった部分だけ、体が透けていくことを感じましょう。

3

いやな気持ちをアミに通して消す

心に次々と思い浮かぶいやな気持ちがアミを通ってすーっと消えていくイメージを持ちます。

神さまメモ

五芒星がつらなった金のアミは、いやな気持ちを浄化してくれる神さまアイテムです。

体の痛みや不調を和らげる方法

肩こりや筋肉痛などに効く、神さま湿布を紹介します。

1

痛みを癒す図形を思い浮かべる

意識が集中できる静かな場所にいきます。円の中に五芒星《ごぼうせい》が入っているキラキラ輝く金の図形を思い浮かべます。

2

手のひらに図形を貼りつける

それを手のひらにのせて、しばらくたつと手のひらがじんじんとしびれてきます。

3

痛みのあるところに〝神さま湿布〟を貼る

エネルギーが満ちてきたな、と感じたら、金の図形を湿布のようにぺたっと患部に貼ります。そのまま1分ほど手をあてましょう。

神さまメモ

患部に貼る図形の形は人によって異なります。今回は誰にでも使える図形を考えました。ちょっとした不調に効果がありますよ。

いつもの食事をおいしくする方法

食べ物にエネルギーをこめて
もっとおいしくいただきましょう。

1

料理の上に雲をイメージする

料理の真上に、雲のエネルギーがかかっている様子を思い浮かべます。青空に浮かぶ雲のイメージです。

2

時計回りに指をまわし、雲を集める

人差し指で、「ぐるぐるうずまき、おいしくな～れ」といいながら雲を集めるつもりで円を描きます。

3

希望に合わせて回転の向きを変える

雲の回転に巻き込まれながら、エネルギーが料理におりていきます。料理から余計なものを出したいときは回転を時計と逆回りに変えます。

神さまメモ

わたあめのような、モクモクした雲が、料理に光のエネルギーを入れてくれますよ。

動物の気持ちを感じる方法

会話ができないペットなどの動物の気持ちを体感してみましょう。

1

ペットのいない場所に移動する

あごに手を添えて一点を見つめます。そのまま、ぼ～っと一点を見ながら、ペットの姿を思い浮かべてください。

2

ペットの目を使って意識を変換する

あちらの眼に映るペットが上目づかいであなたを視た瞬間、あなたの意識がペットの中に入ります。そしてペットの視線で景色が視えてきます。

3

ペットの体に意識をうつす

視え方が切り替わったら、脳裏に浮かんだ感触や感情をたどりましょう。それがペットの気持ちです。

神さまメモ

この方法はぬいぐるみと会話をしたい場合にも使えます。ただ、ぬいぐるみは動きがないので少し難しいかもしれません。

石が持つ記憶をたどる方法

パワーストーンなど、石の気持ちを知りたい人におすすめです。

1

石を手に持ち　あちらの眼をひらく

あごに手を添えて、石に意識を向けます。そのまま、ぼ～っと石を見ながらあちらの眼を開いていきます。

2

あちらの世界で　石に問いかける

「以前はどこにいたのですか?」「今、どんなことを思っていますか?」など、聞きたい質問を石に問いかけていきます。

3

視えた映像をたどる

脳裏に映った映像が、その石が視せてくれた記憶のかけらです。パワーストーンのブレスレットなどは一粒ではなく、ブレスレット全体を視ていきましょう。

神さまメモ

石は動かないので、このワークも難易度が高いかも！　石の神さまと会話を楽しむようなイメージで行ってみてください。

第六感を磨いて直感を高める方法

アイディアやひらめきがほしいときは気を澄ましてアンテナを張りましょう。

1 神さまの球体をイメージする

胸の前でやさしく手を合わせます。光の球体に自分が包まれて、神さまに守られていることに意識を向けます。

2 光のアンテナを一気に出す

ふんわりした光の球体が、花火のようにぱっと開いて形が変わります。

3

脳裏に浮かんだ言葉や映像をキャッチする

その光が、第六感をキャッチするアンテナになります。ここぞというときや、決断をせまられているときに試してみてください。

神さまメモ

魂は寝ている間にちょっと先の未来に行っています。その記憶を思い出すのが虫の知らせだと聴いています。

望む未来をつくる方法

自分が望む未来はあちらの眼でつくり上げることができます。

1

あちらの眼を開き意識を未来に向ける

静かな場所に移動して、ソファなどに横になります。ぼ～っとしながらあちらの眼を開いて意識を10年後の未来に向けます。

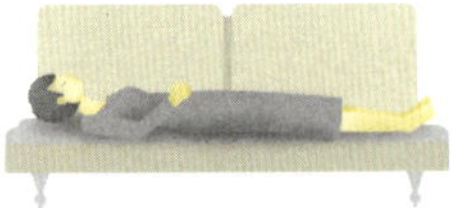

2

未来の自分を質問で呼び出す

「10年後の自分、さぁでてきて」「どんな顔をしている？」「笑っている？」などと未来の自分に問いかけてみましょう。

3

なりたい自分をイメージする

未来の自分の姿が脳裏に浮かんできたら、今度は「10年後の自分、こうなっててね」とイメージしてみましょう。上手にイメージできれば望む未来をつくれます。

神さまメモ

生まれるとき、死ぬときなど、大まかな未来の流れは決まっていますが、人生は蛇行しながらすすんでいきます。大きな通過点以外なら未来は変えられます。

ネガティブな気持ちを消す方法

自信のない自分も、神さまは愛し、見守ってくれています。

1 目の位置を一点に置く

あごに手を添えて一点を見つめます。そのまま一点を見ながら、ぼ～っとします。

2 虹色BOXをイメージする

次に虹色に輝く箱をイメージします。フタをそっと開けてみましょう。

3

ネガティブな感情を刈り取る

そして虹色ＢＯＸにネガティブな気持ちを入れます。虹色ＢＯＸは自信のない気持ちを自分の栄養に変えてくれます。

神さまメモ

「まだまだ未熟だなぁ」と思っていても大丈夫。わたしたちは未熟だから、たくさん経験できます。失敗して、気づいて、学んでの繰り返しです。

自分の前世を視る方法

静かな場所で目を開けた状態で横になりましょう。
さぁ、前世へ旅立ちますよ。

天井の一点を見つめましょう。

天井の一点を見つめながら、
自分が小学生だったときを思い出してください。

学校の門をくぐって
小学校の校庭に行ってみましょう。

「小学校の校庭になにがあったかな」
とよく思い出してください。

小学校の校庭が視えて、
小学生の自分が校庭に立っています。
あちらの眼を開けたまま、
静かにこちら側の目だけを閉じましょう。

すると、小学生の自分の体が
大きなシャボン玉にすっぽりと包まれました。
そうすると、あなたが見たかった前世が視えてきます。

意識の中で
3・2・1、　パチン

シャボン玉がはじけたら、
あちらの眼だけをそーっと開いて
なにが映っているかなと待っていてください。

なにが広がってくるかなと
よく視てあげてください。
そこにはどんな景色が映っているか
どんな自分が映っているか
よく視てみましょう。

一瞬でかまいません。
なにが視えたかが大切なことです。
それが自分の前世の記憶の一部です。
「さぁ、校庭に戻ろう」と
自分に声をかけて戻りましょう。

意識が校庭に戻ったら、
ゆっくりと、こちらの目を開きます。

身近な人の前世を視る方法

友だちや家族の前世を視てみましょう。
静かな場所で横になって行います。

体の力をぬいて、自分の体の重さを感じながら
イメージの中で、ふっと体を軽くしてください。

そしてだんだん、頭のてっぺんから、
体の中に透明の筒ができていきます。
筒が胸までおりてきて、3・2・1のかけ声で、
あなたは頭のてっぺんからぬけて、宇宙につながっていきます。

3・2・1、　はい。

あなたは今、宇宙に浮かんでいます。

上のほうからまぶしい光がやってきて、
小さな自分が光の中に包まれました。
さぁゆっくり進んで、光の中心に行ってみましょう。

「あぁ、ここが光の中心だな」と思ったら、
心の中で、大きな声で
「だれだれさんの前世を視ます」といってみましょう。
そうして映像が出てくるのを待っていましょう。

「さぁ、体に戻ろう」と自分に声をかけて戻りましょう。
意識が体に戻ったら、ゆっくりこちらの目を開きます。

アカシックにアクセスする方法

アカシックとは、
あの世とこの世の境目です。
静かな場所で横になって行います。

体の力をぬいて、自分の体の重さを感じながら
イメージの中で、ふっと体を軽くしてください。

そしてだんだん、頭のてっぺんから、
体の中に透明の筒ができていきます。
筒が胸までおりてきて、
3・2・1
のかけ声で、あなたは頭のてっぺんからぬけて、
宇宙につながっていきます。

3・2・1、
はい。

あなたは今、宇宙に浮かんでいます。

上のほうからまぶしい光がやってきて、
小さな自分が光の中に包まれました。
さぁ、意識の中で、まぶしいけれどゆっくりと眼を開けて
光の中心へと進んで行きましょう。

「あぁ、ここが光の中心だな」と思ったら、
くるくると回転している、
丸い七色のエレベーターが視えてきました。

そのエレベーターに身を任せると

くるくるくる、
ぽーん。

もう一段高いところに打ち上げられました。

さぁ、ゆっくりと
どんな景色が広がっているのか
視ていきましょう。
なにが視えてきますか？

もしかしたら右に視える景色と、
左に視える景色が違うかもしれません。
どちらに行こうかな？
楽しそうな景色のほうを選んで進んでみましょう。

そこはどうなっているのかな。
それがアカシックの最初の入り口だと
思ってください。

今日はもう十分楽しんだなぁと思ったら、
手をたたいて音を出しましょう。
音を出すと、一瞬で体に意識が戻ります。

亡くなった人と会話をする方法

これから、亡くなった人と会話をする方法をご紹介します。自分のアカシックを通って、あなたが会いたい人へつながっていきます。

体の力をぬいて、自分の体の重さを感じながらイメージの中で、ふっと体を軽くしてください。

そしてだんだん、頭のてっぺんから、体の中に透明の筒ができていきます。筒が胸までおりてきて、

3・2・1

のかけ声で、あなたは頭のてっぺんからぬけて、宇宙につながっていきます。

3・2・1、
はい。

あなたは今、宇宙に浮かんでいます。

上のほうから、まぶしい光がやってきて、
小さな自分が光の中に包まれました。
さぁ、意識の中で、まぶしいけれどゆっくりと眼を開けて
光の中心へと進んで行きましょう。

「あぁ、ここが光の中心だな」と思ったら、
くるくると回転している、丸い七色のエレベーターが視えてきました。
そのエレベーターに身を任せると

くるくるくる、
ぽーん。

もう一段高いところに打ち上げられました。

さぁ、ゆっくりとどんな景色が広がっているのか
視ていきましょう。
なにが視えてきますか？

もしかしたら右に視える景色と、
左に視える景色が違うかもしれません。
どちらに行こうかな？
楽しそうな景色のほうを選んで進んでみましょう。

そこはどうなっているのかな。

自分が視ているアカシックの世界です。それをよく視てください。
奥に進める路が出てきたら、進んでみましょう。
さぁ、そうっとそこを通っていくと空間に割れ目ができてきました。

その先は亡くなった人のいる世界へと続きます。

さぁ体をくぐらせて、あちらの世界に行って、
亡くなった人と会ってください。

今日は姿が見られたと思ったら、手をたたいて音を出しましょう。
音を出すと一瞬で体に意識が戻ります。

その存在は目に見えないかもしれません。
でもあなたが気づいてくれるように、
いつもそっとサインを送っています。

4章

小さな神さまに聴く
悩みを視る方法

憎しみと怒りは愛を求める気持ちの裏返し

わたしたちがいた神さまの源には、愛しかありません。
愛とは、相手を無条件で受け入れたり、受け入れられたりすることです。
それなのに、この世では、人が人を否定するので、
すべてを受け入れてもらえることはめったにありません。
それは自分も同様で、自分以外の誰かを
平等に受け入れることは難しいですね。
けれど、わたしたちの魂は、愛が何かを知っていますので、
誰かに自分をわかってもらえないとき、否定されたとき、とても傷つきます。
そして自分を理解せず、否定する相手に憎しみや怒りを感じます。
誰かを憎むとき、そして誰かを恨むとき、

その底には必ず傷ついた自分が存在しているのです。

怒りを感じたとき、その感情のまま誰かに向き合っても、
自分の伝えたい思いの半分も、相手には伝わりません。
相手は、「この人が怒っている」と感じるだけで、
あなたの本当の気持ちを伝えることは難しくなります。

もし、相手に自分の怒りの理由をきちんと伝えたいときは、
わずかな時間でもかまいませんので、いったん怒りを鎮めてください。
怒ったときほど、クールダウンが必要なのです。

自分に「冷静になって、クールダウン、クールダウン」
といい聞かせてもいいですが、わたしは
ふーっとひとつ深呼吸をして、胸のあたりに澄んだ冷たい水たまりが
あるのを頭に思い浮かべてから、最初のひとことを発するようにしています。

こうすると、胸に冷たい水が浸透するイメージを
持つことができて、不思議と怒りがおさまっていきます。
いったんクールダウンすると、
不思議なことにすらすらと言葉が出て、
理路整然と相手に自分の気持ちを伝えることができるようになります。
そして、自分の思っていることをきちんと伝えられたことで、
あなたの心は癒され、満足できることでしょう。

もし、あなたの怒りの対象となっている人が遠くにいたり、
面と向かって話すことができなかったりした場合には、
あなたの中の小さな神さまに話して聞かせてあげてください。
あなたの怒りもやりきれない思いもすべて、癒されていきます。

怒りと憎しみの底には愛があることを知ろう

自分だけソンしている気がして仕方ない

「あなたに足りないものは?」と聞かれたら、
わたしは「要領のよさ」と答えます。
ほかの人が苦労なく認められているように見え、
その一方で自分は努力してもなかなか認められないことから、
なぜわたしは要領が悪いのだろうと思っていました。
人と上手にコミュニケーションが取れて、誰にでも人懐っこくて、
誰とでもすぐに仲良くなれる人を、うらやましく思っていたのです。
きっといろいろな人と仲良くなりたいという気持ちが
根底にあったからだと思いますが、気がついたときには、
わたしは人にプレゼントをあげたり、おいしいもの、

珍しいものを「みんなで食べましょう」と会社に持っていったりするようになっていました。

こうすると相手の人たちは喜んでくれます。

それが自分にとっての喜びにもなっていて、そこには打算も見返りもないと思っていました。

ところがある日、違う思いが自分の胸の底にあることに気づいたのです。


人にいつもあげるだけで、「わたしは受け取ることがない」という思いがあったことに気づいたとき、わたしはどきっとしました。

人に与えるばかりで、わたしはソンするだけの役回りなのかなぁ、と。

「ただ、人が喜んでくださるから」それだけだったのに、なぜこんな気持ちが自分の心の根底にあるの？と悩みました。

苦しくて、気持ちが悪くてたまらなくなりました。

できるだけ見ないようにするのですが、ふとしたときに顔を出すのです。

やがてわたしは、自分が無意識に見返りを求めていたことに気づきました。

わたしがプレゼントをしたり、おいしいものを持っていったりすると、相手の人たちは喜びます。

本当はわたしもそんなふうに**喜びたかったし、大切に思ってくれていることを実感したかった**のですね。


自分の中の小さな神さまに気づいてから、ようやくそうした本当の自分の気持ちを知ることができました。

「そうか、そうだったのか」

と自分の気持ちを理解できるようになると、小さな神さまが満たされます。

そしてもやもやしたいやな気持ちは、どこかに行ってなくなってしまいます。

今は人に何かをしても、不思議と忘れてしまうようになりました。

本当の気持ちを
認めると
神さまが
満たされる

価値観の違う人を受け入れられない

普段の生活の中で思いがけずイライラすること、たくさんありますよね。
わたしも最近はだいぶ少なくなりましたが、
以前は街を歩いていて腹が立つことが多くありました。
たとえば赤信号を平気で渡る人を見たとき、
体の不自由な方のための駐車スペースに、
ステッカーの貼っていない車が停まっていたとき、
どうして平気でそういうことができるのだろうかと、憤慨していました。
そうしているうちに、あまりに腹を立てることが多いことに気づき、
疲れてしまいました。
やがて神さまと対話をするようになって、気づきました。

わたしにはわたしのルールがあるように、
人には、それぞれに自分のルールがあって、
それにしたがっているだけなのだな、と思うようになったのです。
わたしはきっと「いわなくてもわかってくれるでしょう？」
「ねぇ、人ってこういうものでしょう？」と、
自分のルールを無意識に相手に押しつけていたのでしょうね。

相手のルールを自分に当てはめたとき、
たとえ「あり得ない」ことだったとしても、
相手が自分に対して許せているのであれば、
それはそれでいいのではないかと思えるようになりました。

自分の中のルールを守らない人を見て苦しくなるのは、
相手の無神経さが許せないのではなくて、
相手を裁こうとする自分を見てしまうからなのかもしれません。

誰かを裁こうとして苦しんでいることを知ったら、
わたしの中の神さまが悲しむでしょう。
神さまがわたしたちに望んでいるのは、
わたしたちが平穏な心で日々を過ごすことなのですから。

もし、あなたの職場や学校に、
どうしても価値観を受け入れることのできない人がいたら、
こう考えてくださいませ。
「この人は、わたしとは違うルールで生きているのね。
わたしには『あり得ない』ことでも、この人にはＯＫなのね」と。
そうすると、むやみに腹を立てて疲れることがなくなり、
楽に生きることができるようになりますよ。

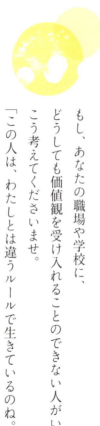

あなたには
あなたの
他人には他人の
ルールがある

心がざわついて
どうしようもないことがある

心がざわつくときには、二通りあるように思います。
ひとつは、よくないことが起こるまえに感じる虫の知らせがあったとき。
もうひとつは、本当はしっかりと見届けなければいけないことがわかっているのに、見て見ぬふりをしなければいけないときです。

虫の知らせは、わたしたちをガードしてくれている
光の球体からのメッセージです。
光の球体が少し先のことを知っていて、
この先に何かがあるとき、
わたしたちに注意するよう小さな神さまに伝えます。

第1章でお話ししましたが、
光の球体は直接わたしたちにコンタクトすることができないので、
小さな神さまに翻訳をしてもらいます。
このとき小さな神さまがざわつくので、
わたしたちは虫の知らせを受け取ることができるのです。

これとは別に、自分自身はなにごともない平穏な日常を望んでいるのに、
まわりの環境や、自分の置かれている状況によって、
胸がざわざわすることがあります。
職場や学校で自分やほかの誰かがいじめにあうなど、
トラブルが起こると胸が痛んで、気が休まりませんね。
それが続くと自分に無理を強いることになります。
もし、何日たってもざわつきが消えないときは、
小さな神さまに相談してみてください。

「どうしたら、このざわつきを抑えることができますか?」
問いかけてみるだけで、
必ず何らかの答えがもらえるはずです。

もしかしたらその答えは、言葉として
あなたの耳に聴こえるようなものではないかもしれません。
けれど、**自分の中の小さな神さまを信じて、**
すべてをゆだねることで、何か変化が起こるでしょう。

どうしてもその場所で過ごすことがあなたに無理な場合は、
環境を変えてくださるかもしれません。

心配ごとが
あったら
小さな神さまに
打ち明けよう

人に嫌われるのが怖くてたまらない

人にきついことをいわれたり、そっけない態度を取られると、「この人、わたしのことが嫌いなのかな?」と思って、そればかり考えてしまうことがあります。

人は、つねに愛されていたい生き物ですね。

みんなに好かれたいし、大事にされたいのです。

だから、嫌われたり敬遠されたりするのは、耐えがたくて、ついつい気になってしまうのですね。


しかし現実的には、誰からも好かれて誰からも愛される人なんて、そうそう多くはありません。

人と人には相性があります。
あなたのことを「大好き」という人もいれば、
ほかの人にはいい顔をするくせに、あなたにはそっけない人もいます。
そして、あなたも同じことをしているかもしれません。
どうしても苦手な人を好きになることはできないし、苦手なその人に、
積極的に近づいていこうという気持ちにはなれないですよね。

だから、あなたのことを苦手とする人や、
好きになれない人がいるのも、仕方のないことなのです。
人の気持ちを変えさせることは、
わたしたちにはできないのですから。

これを解消する方法は、いろいろあるかもしれませんが
「気にしないこと」「そこに意識を向けないこと」
が、一番のように思います。

インターネット上の情報を思い浮かべてもらうと、
わかりやすいのではないでしょうか。
インターネット上では、さまざまな情報が飛び交っています。
役に立つ情報も、いい情報もありますが、いやなニュースや、
悪意に満ちた情報もあるなど、さまざまですね。
わたしたちはその中から、自分が得たい情報をチョイスしています。
そもそもインターネットに上がってくる情報の量は膨大です。
すべての情報にアクセスするのは、物理的にも無理ですよね。

わたしたちの意識の上に上ってくるものも、
これと同じように考えてみてはいかがでしょうか。
自分にとって不快なできごとに、
できるだけ意識を向けないようにするのです。

それには少しだけトレーニングが必要になります。

わたしがおすすめしたいのは、

「わたしがこんな気持ちでいることを、神さまは喜ぶかどうか」を基準に感情をコントロールすることです。

「今日は職場でC子さんに無視された気がする。

ほかの人には笑いかけたのに、わたしには目も見てくれなかった。

こんな気持ちになるわたしを見て、神さまはどう思うかな？」

と、考えるクセをつけるようにしてみましょう。

きっと神さまは、そんな小さなことで心を痛めているあなたを、
「なんてかわいそうに」と思うことでしょう。
そして「こんなにも自分が思っていることに気づいてほしい」と
感じるのではないでしょうか。
こうして「神さまがどう思って視ているかなぁ」という
「神さま視点」で判断していくといいかもしれませんね。

自分にとってつらいことや、
受け入れがたいことに意識をあえて向けないようにすることで、
心の平安が保てるように思います。
あなたが悲しんだり苦しんだりすると、
あなたの中の神さまも同じように感じます。
あなたが落ち込んでいると、
ただただ抱きしめて愛の言葉であなたを満たそうとします。
あなたが平穏な気持ちで日々を送ると、
「すごいね」といってほめてくださいます。
そしてあなたが笑っていると、神さまもただ嬉しいのです。
あなたが幸せな気持ちでいることが、何よりも神さまを喜ばせるのです。
その結果、あなたのまわりも笑顔になっていきます。

いやな感情を持ったら「神さま視点」で考えてみる

家の方位方角が気になって仕方ない

トイレが鬼門にあるから、運気がよくないとか
引っ越し先の方位方角が悪かったから
よくないことばかり起こるとか、方角に関する話をよく耳にします。
でも、それってどうなのかなぁとわたしはいつも思います。
家を悪くいうと、家の神さまが悲しんで元気がなくなっていきます。
なぜなら家には、その家の神さまがついているからです。
多少日当たりが悪くても、何か欠点があったとしても
「わたしここが大好き」と口に出したり、思ったりしていれば
家の神さまが喜び、すてきなオーラに家全体が包まれて、
元気になっていくのです。

そして、住む人をどんどん元気にしてくれるのです。

「この家には運勢学的に悪いところがあるかもしれない」ということに
フォーカスをすると、マイナスな面にばかり目がいってしまいます。
すると不安が増幅されて、
悪いことばかりが起こるような気持ちになっていくのです。
もしかしたら、これはすべてのことについて

いえることなのかもしれませんね。
変えられない部分にフォーカスして、
「ここがいや」「あそこがいや」と思うよりも、
いいところだけ見て、好きになってあげましょう。

「ここはどこよりも安心できる、大好きな場所」
「夕方になると、差し込んだ夕日がきれい」

些細なことでいいのです。
口に出して、家に聴こえるようにほめてあげてくださいね。
そうすることで、家の神さまがいい気持ちになって、
その部屋のエネルギーをいいものに変わっていくでしょう。
場のエネルギーがいいものに変われば、
あなたの神さまも喜んで
あなた自身のエネルギーもアップしていきますよ。

その場の神さまを喜ばせエネルギーをアップさせよう

親に対する憎しみを忘れられない

子どものころ、親に思う存分愛された記憶がないとか、
よその子が親にしてもらうようなことを、
自分はしてもらっていないといった思いは、
大人になってからもわたしたちを苦しめます。

人は、生まれつき愛を求める生き物です。
子どもにとって親は、最初に出会う人たちであり、
自分と切っても切り離せない特別な存在だからこそ、親から思うように
愛をもらえなかったことが、心の傷として長く残ってしまうものです。
特に母親に対しては、期待も大きい分、
裏切られた気持ちが強くなる傾向があります。

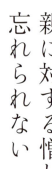

わたしも長いこと、あんな親のようにはなりたくない、
なぜあんな家に生まれたのだろうかと自分の人生を恨み、
愛情溢れる家庭というのがわかりませんでした。
学生時代、児童心理学の授業で、親の愛情を知らない子どもは、
落ち着きがない子になると学びました。
わたしは集中力のない子どもだったと思います。
今なら、いろんな病名がつけられてしまうのでしょうけれど……。
昔のことですから、わたしはただのおバカな困った子となりました。

親に愛されていないと思って育つと、
いつしか「自分は誰にも愛されないのだ」という
あきらめの気持ちが芽生え、
自分に自信を持つことができなくなってしまいます。
そして他者との良好な関係、信頼関係をきずくことが難しくなります。

親に愛されないというのは、
それくらい子どもに大きなダメージを与えることになるのです。

でも、自分が親になり、さらにすべてを許し、
受け入れてくれる神さまの愛を知った今、思うことがあります。
それは、子どもを愛していない親はいない、ということです。
もし、子どもが親の愛を感じられずに育ったとしたら、
それは**親が上手な愛し方を知らなかっただけ**です。
親自身も、自分の親から愛を感じ取れなかったため、
愛情のかけ方、愛情の表現の仕方がわからなかったのでしょう。

あのとき自分が傷ついたことに、今からでも親に気づいてほしい。
「あのときは悪かった」と詫びてほしい。
そんな気持ちを持つ人は少なくありません。

でも、現実的にそれは難しいように思います。
親に反省し、詫びてもらうことはできないでしょう。
なぜなら、親にしてみれば、子どもによかれと思ってしたことや
いったことがほとんどだからです。
自分が悪いことをしたとは思ってはいませんし、
もしかしたら覚えてもいないかもしれません。
特に、親が高齢になればなるほど、すでに価値観が固まっているため、
かえって子どものほうが傷つくことになります。

この苦しみを和らげる一番の処方箋は
「自分の親にはあれが精一杯の愛情表現だった」
と、思うようにすることなのではないでしょうか。

わたしは、ある時期から、自分にいい聞かせるように、
「わたしの両親は、彼らなりにわたしに愛情を注いでくれたんだよね」

と、神さまに話しかけるようになり、
やがてその言葉が、真実だと思えるようになりました。
彼らが、乏しいものの中からしぼり出すようにわたしに愛を向けたことを
（たとえ、それがわたしには物足りないものだったとしても）
感じられるようになったのです。
愛情の量が人によって異なるのは仕方のないことです。
大きなマグカップと小さなマグカップがあったとしましょう。
小さなマグカップに「どうしてそんなに小さいの？　もっと大きくなってよ」
と訴えたところで、カップは大きくなってくれませんね？
人が持つ愛の量も、それと同じように思います。
両親の持つ愛の量は少なかった。そのためにわたしは傷ついた。
でもそれは誰のせいでもない、仕方のないことだったのです。
彼らは彼らなりにがんばったのだから、それでよしとしよう。
そう考えるようにすると、誰よりもあなた自身が救われます。

親なりに
愛してくれたのだと
納得するように
しよう

子どもの不登校をどうしていいのかわからない

親というのは、子どものことで引きずられてしまうものです。
子どものいじめや不登校、病気や障害があると、
自分のことよりもつらく苦しくて、
真っ暗なトンネルの中に入った感じがして、
先の見えぬ不安と恐怖の中で、強い緊張を感じます。
自分のせいではないか、自分の育て方が悪かったのだろうか、
と自分を責めます。
または、ご先祖さまや悪霊など、何かの因縁なのではないかと、
見えぬものにおびえてしまうこともありますね。

そういうときに、

「あなただからそういう子どもを任せられた」

という言葉に、親はもっと深く傷つきます。

なぜなら、そういわれる親の心の底には、

「どうしてわたしの子なの？　どうしてほかの子のようではないの？

どうしてわたしを苦しめるの？　みんなほかの子は順調なのに」

という怒りや落胆が必ず根底にあるからです。

あって当たり前なのですけれどね。

だけどそんな根っこの気持ちを、いけないことだと隠そうとします。

よい親でいなければと思うから。

誰にもわたしのことを、わかってもらえない。

そんないやな気持ちがあることを誰にも話せなくて、

深い深いトンネルの中に、もっと入ってしまいます。そんなときに、

「あなただから、その子を託された」

という追い詰めるような言葉なんていらないのです。
いいんですよ。そうなっているのは、あなたのせいではありません。
あなたの苦しさも怒りも当たり前に抱く感情なんです。
誰でもそうだから、あなたは悪くない。あなただけじゃない。
今のあなたに、この言葉が届くかどうかわかりません。
でもあえていわせてください。

もがいても　もがかなくても、
必ずいつかトンネルから抜け出ることができます。

今は、決して明けることのない、
真っ暗闇の夜の中にいるような気持ちでしょう。

でもね、明けない夜はないのです。
わたし自身の経験や、多くの悩める親を見ていて、
「親が変わったとき、夜明けが見えてくる」と気づきました。
この場合の「変わる」とは、子どもに対する親の意識が変わることをいいます。

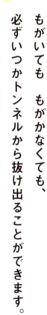

これまであなたは、あなたの子どもを自分の理想とは違う姿だから、受け入れることができませんでした。どうにかして子どもに変わってほしい、そうすれば自分は幸せなのに、と思っていました。

でも、それは**親であるあなたの価値観**です。

子どもは現状をどう感じているのでしょうか？

今、彼らは不登校になって学校から距離を置いたり、家に引きこもったりすることで、自分を安全な場所に置いています。

彼らにとって、家は「安全地帯」そのものです。

そこに巣ごもりしていられる状況は、決して不幸とはいえません。

将来の不安や、親の「人並でいてほしい」感情を抜きにして、子どもの心の安定を中心に考えれば、今のこの状況は一概に「悪い」とはいえないことに気づくでしょう。

だから、肩の力を抜きましょう。

あなたは悪くない。あなたの子どもも悪くない。

あなたの子どもには今、そっと羽を休める時間が必要なだけなのです。
それまであなたも、自分の神さまにたくさん話を聞いてもらって、
心の傷を癒しておきましょう。

やがて、親が「受け入れがたいこと」を受け入れたとき、
親本人も、子どもも楽に生きることができ、必ず変わっていきます。
大丈夫。
あなたにもあなたの子どもにも、いつも神さまがついているのですから。

親がすべてを受け入れたとき子どもは変わる

子どもが巣立っていくのが
さびしくてたまらない

子どもは生まれたとき、親の人生を一緒に背負います。
親の人生と自分の人生は運命共同体なので、
子どもは親に振り回されてしまいます。
けれど子どもが大きくなると、次第に独立した一個の人格を持つようになり、

自分で生きる力や考える力を身につけていきます。
このとき、**親から押しつけられた価値観を脱ぎ捨て、**
自分の価値観をつくりあげていかなければなりません。
そのための一番の早道は、家を出ることなんですね。

感謝と思いやりの気持ちが希薄だったお子さんは、

親と離れることで親を思いやることを知りますし、
親思いのお子さんはさらに親思いになります。
家を出て家族と離れることで、初めて親や家族の大切さを知るのです。
これは、亡くなったお子さんにもいえることです。
わたしは亡くなったお子さんとお話をする機会がありますが、
自分が亡くなったことで、家族を大事に思うお子さんの多いことに、
いつも驚かされます。

子どもが家を出ることは、とても心配でさびしいことです。
だけどね、みなさん自分が家を出たときのことを思い出してほしいのです。
未来への不安と期待と緊張が入り混じり、自分のことで精一杯でしたね。
あなたのお子さんも同じように、自分のことで精一杯なのです。
そんなときに、親が「あなたが出ていくのはさびしい、
あなたが頼りなのに」と引き止めることは、

子どもにとってあまりに酷なことだと思うのです。

「いいから家のことは心配せずに、行ってきなさい」と、**喜んで応援して送り出してあげてくださいね。**

親にできることは、それだけなのですから。


そのあとのことは、子どもの神さまにお任せしましょう。

あなたを、あなたの神さまが守ってくれるように、子どものことは、子ども自身の神さまが守ってくれます。

「◯◯（子どもの名前）の神さま、どうか◯◯をよろしくお願いします」

そうやって、子どもの神さまに手を合わせてくださいね。

そしてあなたは、あなたの人生を精一杯楽しく生きてください。

子どもの
神さまに
あとのことは
お任せしよう

5章

神さまが教えてくれた

あちらの世界の秘密

神さまとつながって不思議世界をのぞこう

最終章となるこの章では、わたしが神さまからお聴きした不思議な世界の秘密をご紹介します。

あなたはこれまで、説明のつかない不思議な体験をしたことはありませんか？　もしかしたら、まわりの人からそういった不思議な体験談を聞いたことがある人もいるかもしれませんね。

「精霊や天使を視た」、「夢が現実になった」、「亡くなった人に会った」など、科学的には説明できないような不思議な出来事。

実はこういった不思議な出来事は日本中、日常茶飯事に起こっています。

神さまとつながると、不思議能力がどんどん開花するので、毎日が不思議な出来事で溢れていきます。不思議な世界は、いつでもあなたのすぐそばに広がっていて、ふれることができる状態なのです。

もしかしたらそれは、人にいうと笑われそうなことかもしれません。

「勘違いだったのかも」と思っている人もいらっしゃるでしょう。また、人にいうとバカにされるのでは、と不安を抱いている人も多いと思います。

かつてはわたしもそうでした。不思議な体験をしても、それを話すと人から白い目で見られてしまうのではと恐れて、感覚に蓋をしてしまっていたのです。

でも、不思議な体験は、神さまからのサインです。どうぞ、そのときの感覚や感動を大切になさってください。その感覚は間違ってはいませんよ。

この世は見渡すかぎり、たくさんの神さまたちで溢れています。

光、風、自然、モノ、動物、そしてわたしたち。すべてのものに、神さまが宿っています。この章では、身近な神さまから、前世やあの世、そしてすべての源である「大きな神さま」のことまでをお話ししていきます。

では、一緒に不思議な世界をのぞいてみましょう。

魂は光の輪をくぐって神さまの源に還る

人は体を脱いで魂だけになったあと、どんな道を通るのだろう？
と長いこと思っていました。臨死体験をした人は、
「暗いトンネルを通って、明るい場所に出た」という人が多いですね。
でも亡くなった人から「暗いトンネルを通った」という話は、
わたしは聞いたことがありません。
何かを抜けた先に、きれいなお花畑や草原が広がっていると、
亡くなった人が話してくれたことがあるのですが、
その「何か」がわからないままだったんです。
でもあるとき、知人の亡くなられたお母さまから、
それをくわしく教えてもらうことができました。

秋田弁でお墓のことや、わたしの知人である娘さんに対する思いなど、
いろいろ話してくださいました。
その中に、亡くなるときのお話があったのです。
「目の前にきれいな虹が出て、虹の輪が広がったのでそこをくぐったら、
突然、目の前が開けて、たくさんの人がいる広い場所に出てさ。
見覚えのある懐かしい人たちが手を振ってて、近くに行ったら、
みんなが笑って拍手して迎えてくれたから、
何だか恥ずかしかったさぁ」って。

トンネルのような暗いものではなくて、
細い虹の線が幾重にも重なった虹の輪をくぐった、
と聞いて嬉しくなりました。
そして「あー、やっぱりそうだったのね」と安心しました。

わたしは以前、自分が死んだあとに行く、
あの世の入り口を見たことがありました。

そのときは、亡くなった父と猫が迎えに来てくれました。
言葉を交わすのではなく、魂がわかり合えるような
テレパシーのような会話で、促されるように白い光が降り注ぐ
場所に入ったら、中がオレンジゴールドだったんです。
そのとき「あの世の入り口は、もしかしたら太陽なのかもしれない」と
思いました。それくらいまぶしくて明るい場所でした。
知人のお母さまの「虹の輪をくぐった」というお話を聞いて、
それを思い出しました。虹も太陽がつくり出すものですから。

わたしたちが朝日や夕日の美しさに魅了されるのは、きっと「太陽のような
ところが自分の戻っていく場所」と知っているからなのかもしれません。
そして、神さまを強く感じさせてくれる場所でもあるからなのでしょうね。

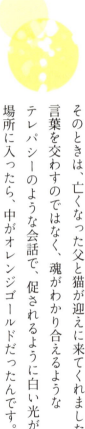

あの世の入り口は太陽の先にある

前世の記憶のひとかけらを持って生まれる理由

わたしたちは幾度も幾度も、生まれてきてはまた愛に還ります。
何度も生まれ変わるけれど、今のわたしやあなたの魂をそのまま持って生まれ変わるわけではありません。

前世のわたしの魂は、カイルという体を持つ人のものでした。
けれど、カイルの魂が、わたしの魂のすべてというわけではありません。
カイルの魂の記憶の一片を持って生まれてきたのが、今のわたしなのです。
今のわたしは「まさよさん」という体で、
この人生で起こるあれこれを経験しています。
今のわたしの魂には、幾たびも繰り返してきた転生の記憶の一片や、前世のカイル、現在のわたしの記憶が蓄積されています。
そしてわたしがこの世での経験を終えて、
魂の源である愛に還ったとき、
わたしの記憶の一片を持った魂が、新たに生まれます。

今、生きているわたしたちは、それぞれに体を持っています。
そのため、自分は「個」として存在していると思い込んでいます。
そしてあなたが生まれ変わりを信じる人であれば、
生を終えて亡くなったとき、あなたの魂、あなたの意識が、
体という器を何度も変えて永遠に残るのだと思われるでしょう。
けれども、決してそうではないのです。
わたしたちが還っていく神さまの源では、
すべての人、すべての動物、すべてのものの魂の経験は、
融合し、ただひとつの愛になります。

体があることで「個」として存在してしまうわたしたちは
なんて哀しいのだろう、そう思っていました。
神さまの源のように、すべてが一体となっているのならば、孤独も感じず、
争いが起こることもないのに、と。

けれど神さまから、自分と自分以外の多くの人がいるから、
さまざまな経験ができるのだと教えられ、なるほどと思いました。
体を持っているからこそ、それぞれの人の目に見えるもの、
耳に聞こえるものが違っていて、記憶も異なるのですね。
そしてその記憶を、みんなが神さまの源に持ち帰って、
これから生まれていく人や動物、ものの中に入って、輪廻転生を繰り返します。
今までのわたしの記憶もあなたの記憶も、この地球のどこかに、
たくさんの記憶として永遠に残っていきます。

すべての魂と
記憶は溶け合い
輪廻転生を
繰り返す

大きなエネルギーの存在を感じるとき

こしあぶらという春の山菜でつくる
「ほろほろ（ふりかけのようなもの）」が好きです。
こしあぶらと胡桃《くるみ》、みそダイコン、シソの葉などを
細かくみじん切りにして合わせたものを、温かいご飯にのせて食べると、
鼻を抜ける香りが春の香りでいっぱいになります。
こしあぶらは、仙台市の愛子《あやし》というところにある「森の駅」で買います。

ある日、その帰りの車の中で、
主人が「この先に諏訪神社がある」というので、
寄ってみることにしました。

初めて行った神社さんなのですけれど、社務所に誰もいません。
あまり人が来ないのかしら？　と思いながら鳥居をくぐった瞬間、
体がビリビリとしびれるくらい、とても強いエネルギーを感じました。
さらに3、4歩ほど歩いたとき
「よう参った」そうはっきりと頭に聴こえてきたので、
思わず足を止めて、誰の声なのか、気を澄ましてみました。
本殿がある小山の上から、降ってくるように響いていました。

体のビリビリも、本殿に向かう階段を上っていくうちに、強くなってきます。
レイキなどのエネルギーとは違って、
わたしにはなじみのない、とても大きなエネルギーです。
何のエネルギーなのかを視ようとしても、うまく視ることができません。
神社に来て、こんなに強いご神気を感じるのは、初めての経験でした。
ニュアンスは少し違うかもしれませんが、

「願いごとをいうてみよ」ということをいわれました。

そこで娘に、「ここの神さまには、お願いごとをしたほうがいいよ。ものすごいはやさで、願いごとをかなえてくれるから」といいました。

とてもエネルギーの強い神社さんで、本殿に背を向けて歩き出し、鳥居をくぐるまで、ずっと体がビリビリとしびれていました。


鳥居から出て、振り返って神社を見上げたら、小さな本殿を守るかのように、小山全体が諏訪神社のご神気そのものになっているのがわかりました。

家に帰って調べたところ、諏訪神社の歴史はとても古く、源頼朝が平泉討伐のときに立ち寄ったとされているとか。

そのことをブログでお話ししたら、たくさんの方がたが諏訪神社さんに足を運んでくださり、そして、ものすごい早さで願い事が叶ったとみなさんが口をそろえていわれます。

諏訪神社の神さまにも喜んでいただけたことを、嬉しく思いました。

大きなエネルギーに願いごとを託そう

神社にはわたしたちの祈りの気持ちが集まっている

神道では、すべてのものに神さまが宿っていると考えられています。
自然に対する人々の敬意が、そこに表れているのですね。
太陽に、月に、水に、土に、それぞれ神さまが宿り、
その神さまたちのお力によって、わたしたちは恵みを与えられています。
では、神社の神さまはどうでしょうか?
イザナギ、イザナミをはじめとした、『古事記』や『日本書紀』に記されている
神さまをお祀りした神社や、天皇や徳川家康などの実在した人が
神さまとして祀られている神社などさまざまです。

わたしたちが、自分の体をお社としているように、
神社の神さまも体としてのお社に、神さまとしての意識を宿されています。

神さまの意識は、神さまを崇拝し、
神さまに祈るわたしたちの気持ちが「集合意識」となってつくられていきます。
大きな神社では、本殿だけでなく、
敷地そのものが神さまの集合意識となっています。

いくつもの神社に行ったことのある人は
ご存じだと思いますが、
神社によって異なるエネルギーを感じることでしょう。
ある神社では柔らかなエネルギーを、

また別な神社では厳しく荘厳なエネルギーを受けるかと思います。
同じ神さまをお祀りしていたとしても、神社が建っている土地や、
神社のまわりに茂っている木々、神さまをお守りする眷属《けんぞく》によって
それぞれ変わってくるからです。
また、人によってエネルギーの受け止め方が違う場合もあります。

わたしは荘厳な感じの神社にも惹かれますが、女性性、女神性を感じる
柔らかなエネルギーの神社の方に、なじみやすいものを感じます。
色にたとえるならば、紫がかったピンク色のエネルギーです。

感じ方は人それぞれですから、
自分がどう感じるかが一番大切なことだと思います。
他の人の評価よりも、自分の感覚を信じてくださいね。
そして参拝したときは、
神さまとゆっくりお話ししてみてください。
心を込めて話しかけると、神さまが喜んで、
あなたのことをよく覚えていてくださるようになりますよ。

居心地よく感じる神社で神さまとお話ししてみよう

座敷わらしや妖精があらわれる理由

座敷わらしや龍、天使、風神など、わたしたちがよく耳にする、不思議な存在がありますね。

精霊とか自然神とか呼ばれる存在です。

座敷わらしは子どもの妖怪といわれています。

絣《かすり》の着物におかっぱ頭と誰もが思っているのではないでしょうか。

龍神は龍の姿、風神雷神は屏風絵に描かれている姿そのままのイメージを持たれていることでしょう。

けれども実は、それらには特有の姿はなくて、すべて白い球体なのです。

大きさは、大きなものから小さなものまでさまざまです。

白い球体の自然神は、視る人の目で姿かたちが変換されます。

わたしたちは自分のイメージで自然神をとらえ、
座敷わらしだと思ったり、龍だと思ったりするのですね。

自然神とご縁のある方の個人相談をしていると、
白い球体が近くに来て、存在をアピールして
「ここにいるよ」と教えてくれます。

ときには、白い球体ではなくて、
金色の光の細かい粒が視えることがあります。
これは一般的には「妖精」といわれています。
きっと実際に視た人がいて「妖精の粉」と呼んだのでしょうね。
そして『ピーターパン』に出てくる妖精・ティンカーベルが
誕生したのだと思います。

龍神さんの場合、自分の存在をわかってもらいたくて、
龍が想像できるような姿で
アピールしてくることが多いようです。
龍の形をした雲になったり、
小さな竜巻のように風の渦巻く様子となってあらわれたりします。

また、妖怪と精霊と自然神は本来同じものです。
座敷わらしは妖怪で、妖精は精霊と思われているかもしれませんが、
実は同じなのです。

自然神は視る人によって姿が変わる

自然神の存在を感じてご縁をつなごう

自然神は、自分の存在に気づいてくれたことを、とても喜びます。
そして、嬉しさのあまり、気づいてくれた人を全力で応援しようとします。
数ある自然神の中でも、風神は気づきやすい神さまといえます。
ゴーッというすごい風の音が聴こえてくることがありますね。
飛行機が空を飛ぶときに、遅れて音が聴こえることがありますが、
そんな感じの音です。
この音がしたら、上空に風神が来ています。

わたしがはじめて風神の姿を目にしたとき、
あまりにも顔が怖くて驚きました。

黒い模様の入った赤ら顔で、目がぎょろりとして、
頭に短い角が生えていました。
けれども、ただ怖いだけでなく、ご縁がある人のために
とことん尽力している、情のあつさを感じさせてくださるお姿でもありました。
何よりも、その守るような優しさにとても感動したことを、
今でもよく覚えています。

わたしたちは、この体に神さまをお預かりしています。
その大切な神さまたちに、
自然神たちはご縁があればお仕えしたい、
お守りしたいと思っているのです。

わたしはその方たちの存在を「お守り隊」と呼んでいます。
実は以前、わたしは天使や風神、龍などは、人がつくりだした
架空のもので、存在しないと思っていました。

けれども風神のお姿を感じて以来、その存在を信じられるようになりました。
わたしたち人間は目に見えるもの以外、
信じることができない傾向があります。
でも、「視よう」と思わなければ視えないものもあります。
どうか、自然神を「視よう」と思ってください。
自然神の存在を、信じてください。そして感じてください。

龍の形の雲を視たとき、妖精の光の粒を視たとき、風の渦を感じたとき、
「自分の目に映ってくれて、感じさせてくれてありがとう」
とつぶやいてみてください。
そうすれば、不思議な存在は、もっともっと気づいてもらおうと、
あなたによりいっそうアピールしてきます。
そして、気づいてくれたあなたをサポートしようとします。
どうぞそうして、ご自分だけの「お守り隊」とご縁をつないでくださいませ。

その存在を信じ、視て感じると、自然神が喜ぶ

寝ている間は少し先の未来に行っている！

わたしたちの世界は、現在を中心として、
先に未来、後ろに過去があると思われています。
でも実は、すべて同時に存在しているのです。

ぐっすり眠っているとき、人は意識を失っています。
そのとき、あなたの意識体である小さな神さまは、
あなたの体を抜け出して、**過去・現在・未来と**
あらゆるフィールドに自由に行き来できるだけでなく、
複数のフィールドに同時に存在することもできるのです。
「この状況のこの場面を以前にも視たことがある！」と思ったり、

初めてみる映像なのに、なぜか懐かしく感じたりしたことはありませんか？
それは、わたしたちが寝ている間に、過去に行ったり、
未来をのぞいたりしているからです。
特に子どもは、寝ている最中にどこかに行って
何かをのぞいてみた感覚がなかなか消えず、
目が覚めたあとも残ることが多いようです。

身近な人が事故や突然の病気で亡くなると、
周囲の人たちは悲しみと驚きで混乱します。
けれども、亡くなった人の小さな神さまは、自分がいつ亡くなるかを
別のフィールドで視てきていて、受け入れています。
目覚めた本人は自分が視た光景を忘れてしまいますが、
小さな神さまはきちんと記憶しているので、無意識のうちにお別れの言葉を、
家族や親戚など、親しかった人たちに伝えていたりします。

それは、無意識の意識、魂がいわせる言葉でもあります。

あとから考えて、亡くなった人がなぜあのとき、意味深なことをいったのだろう？　と思うことは、意外に多いものです。


本当はわたしたちは、自分の未来についてよくわかっています。

ただ、意識の上に上って来ないので、自分では「わからない」と思い、つい誰かに聞いてしまいたくなりますね。

いつ生まれていつ亡くなるのかもわかっていて、

それは変えることができないようですが、
それ以外のことなら、どんな人生を選び、何を経験するのか、
自分で選択することがある程度、許されています。
自由に夢を思い描き、未来をのぞいてみてくださいね。

わたしたちは
過去も未来も
自由に視ることが
できる

あなたを見守るご先祖さまたちの声

今までたくさんの方とセッションを通じてお会いしました。
そしてわかったことがあります。
それは誰にでも、神さま以外に守ってくださっている方や、
教え導いてくださる方がいるということです。
ご縁をいただいた神社の神さまだったり、
精霊だったりとさまざまですけれど、そのほとんどはご先祖さまです。

ご先祖さまといっても、あまり古い方が出て来られることはありません。
お顔がわかる、せいぜい三代前くらいまでの方がたが多いです。
ときどき四代前の方も出て来られることがありますが、ごくまれです。

それよりも前の方がたは、
すでに意識が感じられなくなっていることが多いようです。
あるいは○○家の集合意識として感じられることはあっても、
個々のご先祖さまとしてのお姿はもうなくなっています。

魂は神さまのものなので、
人は亡くなると魂を神さまにお還しします。
そして**自分の記憶を、神さまの源に還す「記憶の拾い上げ」をします。**
そのあと子孫の誰かのそばで、導きごとをする人もいます。

それがわたしたちを見守ってくださっているご先祖さまです。

ご先祖さまの供養は、宗派や地域で違いますが、
わたしたちが決めたことや、
「こうしたい」「これは難しいかも」と思うことについて、

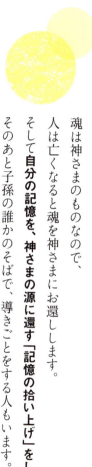

ご先祖のみなさんは「そうかそうか、それでよい」、あるいは
「そんなに無理をしなくてもよい」といわれます。
供養は自分たちご先祖さまのためではなくて、
今を生きている子孫のために行うものだとわかっているのです。
そして、自分たちが教えたようにできなくてもかまわない、
と思っているからです。

ご先祖さまも神さまと同じように、懐が深く、
どんなことでも許してくれる存在です。
わたしたちがご先祖さまのことで、
必要以上に頭を悩ませることを、望んではいません。
心穏やかに、日々の小さな幸せを感じて生きてくれたら
それでよいと思って、見守ってくださっているのです。

ご先祖さまは、
供養は生きる
人のためのものと
思っている

「悪霊」は怖がる気持ちがつくり出す

今から何年か前になりますが、
「自分の中に、もうひとり誰かがいて、わたしを自由にしようとします。
まるで悪霊がいるように感じます。
今ではコントロールができなくなりました。
どうかお祓《はら》いして助けてください」
といって来られた方がいました。
でもわたしは、除霊もお祓いも悪魔祓いもしません。
というよりも必要ないと思っています。
なぜかというと、わたしのところにいらしてくださったということで、
その方が自ら、ご自分の魂を安心させてあげられる方だと

わかっているからです。
わたしたちは、**本当は自分で自分を祓うことができる**のです。

わたしは中学生のころ、親にいわれるままに除霊や浄霊、
お祓いなどをたくさん行ってきましたし、
そういうことをうんざりするほど見てきました。
でもね、それをしだすとキリがありません。

そして、祓ったあとで起こる出来事の何もかもが、
すべて霊の仕業と考えてしまうことで、
その人を永遠にしばりつけることになるのではないかと思うのです。
そしてね、言葉は悪いですが、拝んでさえいれば、祓ってさえいれば、
何もかもよくなったり、解決したりするのならば、
この世から悪いことはすっかりなくなっているはずだと思ってしまいます。
けれど実際には違いますね。

それが、わたしがお祓いは必要ないと思う理由です。

今までたくさんの霊能者さんに会って、お祓いを受けてきた方がたが、わたしを訪ねてきてくださいます。

きっとね、恐怖で自分をしばり上げているのだと思います。

または、誰かの言葉にしばられておびえているのだと思います。

けれどみなさんがお帰りになるときは、顔が別人のようになります。

自分で自分を、上手に安心させてあげられたのでしょうね。

わたしは何もしませんし、怖いこともいいません。

何かを戒めるようなこともいいません。


わたしは、みなさんの心にある、「怖い」という思いをぬぐって差し上げるお手伝いをしているだけです。

あなたの中の神さまも、「もう自由でいいよ、怖がらなくてもいいよ」と語りかけてくれていますよ。

恐怖心を手放す勇気を持とう

亡くなった人の気配を感じて怖い

お身内を亡くされた方から、
「亡くなった家族の気配を感じることがあり、物音がすると
ビクッとしてしまいます。大好きだったので、後ろめたくて……」
というご相談を受けたことがあります。
わたしも20代で父を亡くしたとき、同じような経験をしたことがあります。
やはり自分の父親なのにちょっと怖くて、「父が傷つくかも」と
少し申し訳ない気持ちがしました。

わたしはそのとき、亡くなった人を霊やおばけのような、
おどろおどろしい存在に感じていたのかもしれません。

そういうものではないことがわかったのは、
神さまと出会ってからです。
人が亡くなると、魂は神さまの源へもどされます。
何か怖い霊となって残るということはありません。

ですが、亡くなった人は、しばらくの間、
自分のことを生前と同じように感じていて、
ご本人には自分自身の体も視えています。
そしていつもどおりにふるまってしまうのです。
ところが、もちろん家族には亡くなった人の姿は見えず、
声も聴くことができません。
そこで、自分が話しかけても家族が答えてくれないことから、
わざと大きな音を出して
「自分はここにいるよ」とアピールしてみたりします。
神さまからお聴きしたところ、

亡くなった人が自分の体をリアルに
感じているのは2か月くらいだそうです。
そのあとは、音を立てることができなくなり、
次第に気配が消えていくということでした。

けっして家族を怖がらせようとか、
無念だから何かに気づいてほしいと思って、
気配を感じさせているわけではないのです。
どうぞみなさんも、普通にしていてください。
音が聴こえたら
「どうしたの？」
などと、亡くなった方に声をかけてあげると喜びますよ。

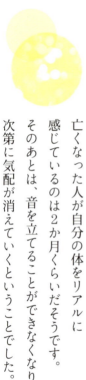

亡くなった人は
家族を
怖がらせている
わけではない

妬みや憎しみが「生霊」として視える

セッションにいらっしゃった方の背後に、亡くなった方でなく生きている方が視えることがあります。
先日いらした方にも、誰かが視えたので、心あたりのある方の名前をつぎつぎとあげてもらって、どなたなのかを特定しました。

お話をお聞きしたところ、
ご本人は、相手の方が自分によからぬ感情を持っていることに、気づいていなかったそうですが、
わたしの目には、**相手の方に嫉妬に近い感情があって、**

それが残像として視えていました。

わたしは好きになれない言葉なのですが、
一般的にその想念は「生霊」という名前で呼ばれています。

人は生きていると、知らず知らずのうちに、人を傷つけたり、
悲しませたりすることが多くなっていきます。
もちろん、人から傷つけられることも多くあります。
それは、生きる上で仕方がないことであり、
どんなに気を付けていても防ぎようがないことのように思います。
人の根底にあるのは、自分を受け入れてほしいという感情です。
その感情は「愛」ともいいます。
けれども、受け入れてもらったり、わかってもらったりすることが
できなかったとき、裏切られたように感じて、
人は、人を憎みそして恨みます。

生きるということは、憎んで憎みあって当たり前だとわたしは思います。
大切なのは、そこに必要以上に気持ちを向けて
反応しないことなのではないでしょうか。
自分も誰かに恨まれている、憎まれていると思う方は
恨まれるのも憎まれるのも仕方がないことと受け入れて、
認めてあげてください。
それで、自分がどうにかなるわけでも、
よくないことが起こるわけでもないのですから。
そして、自分が誰かを憎んだり恨んだりすることに
過敏に反応しないでくださいね。
「いろんな気持ちを持つのはお互いさま」
そう思ってもらえればよいと思います。

憎しみも恨みも「お互いさま」と考えよう

天使が舞い降りた日

個人セッションにいらしてくださる方の中には、
お子さんを亡くされた方が少なからずいます。
先日、嬉しいお知らせをくださったKさんもそのおひとりでした。
生後10か月の赤ちゃんを突然亡くされたのです。
その悲しみがどれほどのものだったか……
Kさんのお心うちを思うと、今でも涙が出てきます。

そのKさんと最初にお会いしたとき、
亡くなったHちゃんが2歳くらいの姿になって、
わたしに会いに来てくれました。

目のクリクリしたHちゃんは、
「Hちゃんね、おねえちゃんになりたいの。
きっとおねえちゃんになるの」と教えてくれたのです。
そのときわたしの目には、Hちゃんによく似た、
目の大きな男の子が視えました。

そこでKさんに、Hちゃんによく似た男の子が生まれること、
それをHちゃんも望んでいることをお伝えしました。
でもきっとそのときKさんは、
次の子どものことなど考えられなかったことでしょう。
そしてお気の毒なことに、翌年に妊娠されたものの、
お腹の赤ちゃんが天国に召されるという経験をされたのです。
その悲しみ、苦しみは、言葉に出せないほどのものだったでしょう。
きっと、誰かを恨んだりもしたと思います。

人は、自分が本当に苦しいと幸せな人が嫌いになります。
でも、わたしにはわかっていました。
その子は必ず仕切り直して生まれて来るということが。
Hちゃんが教えてくれた男の子が必ずやってくる、と。
そして、しばらくして男の赤ちゃんが生まれたというお知らせを受けたとき、
Kさんやパパ、何よりHちゃんの喜びを思い、
「いらっしゃい。ようこそ待っていたよ。愛しているよ。
生まれてきてくれてありがとう。神さま、ありがとう」と、涙が出ました。

亡くなった子どもの中には、そのまま成長していく子と
姿がなくなってすぐに還る子がいます。そのまま成長していく子は、
家族の近くで見守っていることをお役目としていることが多いのです。
おねえちゃんになって赤ちゃんをあやすHちゃんの姿が、
とてもほほえましくてね、本当によかったなぁと思いました。

亡くなった子は家族のことを思っている

天国にいる動物たちからのメッセージ

ペットの年齢が上がるにつれて、いつか訪れるお別れのことが、
頭をよぎってしまいますね。
犬や猫などの動物が光に還るまでの時間は、
人よりも早いと思われていますが、一匹一匹違っています。
人との関わりを持たずに生きていたノラちゃんですと、
比較的すぐに還ります。
それはきっと、思いを残すことが少ないからでしょう。
けれども、人と暮らしていたペットは飼い主と深い愛情で結ばれています。
そのため感情も人に近くなり、ゆっくりとあの世に行こうとします。
そして多くの子は、大好きな飼い主さんが還るとき、

自分がお出迎えしたいと思っているのです。

たくさんの亡くなったペットを視させていただきましたが、亡くなって半年とか1年くらいは家に残って、飼い主さんのそばにいることが多いようです。

飼い主さんの様子を見て、安心してから還るためです。

わが家にも、犬の「いちご」が来る前に、17歳で亡くなった猫がいました。

亡くなったあともしばらくの間、家にいましたが、半年ほど過ぎたころから気配がしなくなりました。

けれど、ある日、最後のお別れに再びやってきて、家族に自分のにおいをアピールして「忘れないで」と伝えて還っていきました。

いちごが思いがけずやってきたのは、その日のことでした。

亡くなった猫は、その日、いちごが来ることをわかっていたのでしょう。

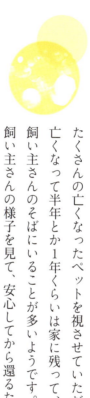

ペットの愛情は、飼い主さんが思うよりも、もっと深いものなのかもしれませんね。

大切なペットを失ったら、とても悲しくてつらいですが、それは飼い主を残していくペットも同じです。それでもペットは愛されたこと、自分もたくさん愛したこと、大好きな飼い主との楽しかった思い出を抱きしめて、還っていきます。それが自分の生きた証だということをわかっているからです。

ペットが亡くなったことに責任を感じて、ご自分を責めないでくださいね。ペットは、自分が飼い主の愛に充分に応えられたか、飼い主を全身全霊で愛することができたか、それだけを気にしています。**「どれだけ自分が飼い主を愛せたか」が、何よりも大切**と考えているのです。飼い主が自分を愛してくれたことは、誰よりもよくわかってくれています。安心してくださいね。

ペットの飼い主に対する愛情は想像以上に深い

大好きな地球で最期まで生きる

わたしはずっと光を探し求めていました。
どうしたら、あの光がまた会いに来てくれるんだろう？
どうしたら、またあの光の声が聴けるんだろう？
ただただ光に会いたくて、光が恋しくてたまらなかったのです。

でも、やがてわたしは知りました。
探さなくていい、求めなくていい。
光はいつも、自分の中にあることを教えてもらったのです。
そして、わたしだけでなく、
誰の中にも光があることも教えてもらいました。

それは、なんとすてきなことなのでしょうか。

ひと昔前、わたしたちの生きる地球は次元が上昇していて、
それを「アセンション」といわれていたそうです。
わたしはそれを、ほかの方のブログで知ったのですが
「アセンションした地球に行ける人と、
次元が低いままの今の地球にとどまる人に分かれる」と、
そこには書かれていました。
アセンションできる人は、すでに精神の次元が
高くなっている人だけなのだそうです。
精神的に進化した、いい人だけが
高次元の地球に行くことができるのだとか。
そこはとても平和で幸せなところなので、
みんなでアセンションできるようになりましょう、とありました。

でも、それを読んでわたしは思ったのです。

いい人ってどんな人なんでしょう?

そして悪い人って、どんな人なんですか。

みんな自分の中に善と悪の両方を持っています。

わたしの中にも、善もあれば悪もあります。

善だけの人もいなければ、悪だけの人もいないですよね。

もし「あの人は悪い人だ」と誰かのことをいう人がいたとしたら、その人は自分の中の善の部分しか見ていないのではないでしょうか。

だから、他の人のことを悪いと思ってしまうのかもしれませんね。

自分の悪の部分にはフタをして、他の人の悪だけをクローズアップして視ることになってはいないでしょうか。


わたしはこの地球が大好きです。

3次元だから、次元が低いといわれても、この地球が大好きです。

だって、わたしは自分で選んで、ここに生まれて来たのです。
もし本当に、精神的次元の低い人がアセンションできなくて、
次元の低い地球に取り残されるのだとしたら、
わたしはすすんでこのままこの地球に残ることを選ぶでしょう。

この地球が、精神的次元の低い人たちとともに滅びるというのなら、
わたしはここでこの体を失うことを、迷わずに選ぶでしょう。
そして光に還ったときに、神さまにこういいます。

「神さま、ただいま。
まさよさんっていう体で、すべての愛を経験してきたよ。
いっぱい意地悪したよ、意地悪されたよ。
いっぱい憎んだよ、憎まれたよ。
いっぱい恨んだよ、恨まれたよ。
いっぱい妬んだよ、妬まれたよ。
いっぱい泣いたよ、泣かしたよ。

悲しくて、怖くて、苦しくて、不安で、つらかったよ。
でも、いっぱい笑ったよ。
いっぱい嬉しかったよ。
いっぱい愛したよ、愛されたよ。
いっぱい、いっぱい幸せだったよ。
神さま、わたし、偉いでしょう?」

そしてそのまま溶かされていくでしょう。
「神さま、このままもう少し、光の中で溶けていたいです。
次の体を持って、生まれ変わる勇気が出るときまで。
そのときまでもう少しだけ、神さま、あなたとともにいたいです。
あなたとひとつになり、安心していたいのです。どうぞ、次の勇気が出るまで」
わたしたちはみんな、善と悪の両方を経験したくて、生まれてきました。
善も悪も、すべては神さまが創った愛を源としているから。

善も悪もすべて
神さまの
愛につながる

エピローグ

今回、永岡書店さまから「わたしの中の小さな神さま」をテーマにした本を出版させていただけたことに心から感謝しております。

わたしたちは、いつだって何かに怯え、不安になりながら生きています。

けれども本当は、魂はこれから起こる何もかもをすでに受け止めて生まれてきています。

わたしたちは、それだけの勇気を持って生まれてきたのかもしれませんね。


何かに怯える必要も、何かにこだわる必要もなくてただあなたの心が健やかであり、あなたの魂が安心であればよいのです。

わたしたちを安心させることが、小さな神さまの本当のお役目なのだと思います。

気づいてごらん、あなたの本当の心に。
気づいてごらん、あなたの本当の記憶に。
思い出してごらん、あなたの中の溢れる愛に。
わたしはいつだってあなたの中にいます。
あなたは、いつだってわたしの中にいます。

この本の出版にあたり、編集の遠藤英理子さんに心から感謝いたします。
たくさんたくさん励ましてくださり、そして言葉でいい尽くせないほど
お世話になりました。
ひとりでは、決して成し遂げられないことでした。
ありがとうございました。
愛しています。大好きです。

まさよ

まさよ

魂カウンセラー。幼少の頃から、不思議な体験をしたり、不思議な声を聴いたりして過ごす。その時は不思議な存在の正体が理解できずにいたが、ある日大きな光に包まれる経験をして、見えない世界のしくみを知る。その1年後、姿なき不思議な存在に「あなたは人に向き合う仕事をする」と告げられ仕事環境が一変。それまで勤めていたパート社員から、霊能カウンセリングの仕事に就き、東北を中心としたカルチャーセンターにて4年半の間「チャネリング&透視リーディング教室」の講師を務める。

　穏やかな人柄やその霊視能力の高さが評判を呼び、口コミだけで人気が広がって全国から相談者が殺到。予約数ヶ月待ちの人気カウンセラーになり、ブログもランキングに参加するやいなや、日本のスピリチュアルブログ部門で瞬く間に上位を獲得。初著書『誰でもできる透視リーディング術』（ナチュラルスピリット）は、これまで魂をしばられ苦しんでいた人に感動を与え反響を呼ぶ。現在も全国各地で透視セミナーを行うほか、個人鑑定も続けている。

- - - - - - - - - - - - HP - - - - - - - - - - - -
http://sorairo0418.com/
- - - - - - - - - - - ブログ - - - - - - - - - - -
http://ameblo.jp/itigomicanuri/

あなたの中の小さな神さまを目覚めさせる本

著者　まさよ
発行者　永岡純一
発行所　株式会社永岡書店
〒176-8518
東京都練馬区豊玉上1-7-14
電話　03(3992)5155(代表)
03(3992)7191(編集)
DTP　編集室クルー
印刷　精文堂印刷
製本　ヤマナカ製本
ISBN 978-4-522-43476-5 C2076

①

スタッフ
デザイン　嘉生健一
イラスト　れも
音声録音　ジェイルハウス・ミュージック
制作協力　堀　容優子《ようこ》